AF562173

HENRI SILVESTRE

LA
RÉFORME JUDICIAIRE
D'EGYPTE

DEVANT

L'ASSEMBLÉE NATIONALE

MARSEILLE
IMPRIMERIE DU JOURNAL DE MARSEILLE
(EX-J. BARILE)
Rue Sainte, 6

1875

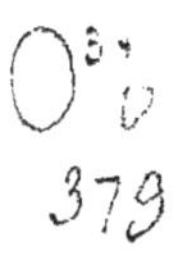

BIBLIOGRAPHIE

Affaires étrangères, documents diplomatiques, négociations relatives à la réforme judiciaire en Egypte. *(Janvier 1875, Paris, Imprimerie Nationale, 1875).*

Les Capitulations et la réforme judiciaire en Egypte, sa nécessité, son urgence, par Charles Lesseps, ancien député, aucien conseiller d'État. *(Paris, Imprimerie centrale des Chemins de Fer, A. Chaix et Cie, 1867).*

Ministère de l'Intérieur : Statistique de l'Egypte. *(Année 1873, 1290 de l'Hégire. Mourès et Cie, imprimeurs-libraires, 1873).*

Rapport présenté à S. E. M. le Ministre des Affaires Étrangères par la Commission instituée à l'effet d'examiner les propositions faites par le Gouvernement Egyptien pour réformer l'administration de la Justice en Egypte. *(Paris, Imprimerie Nationale, 1867).*

Procès-verbaux de la Commission Internationale instituée pour l'examen des propositions du Gouvernement Egyptien, tendant à réformer l'Administration de la Justice en Egypte. *(Alexandrie, Imprimerie française Mourès et Cie, 1870).*

Rapport de la Commission Internationale réunie au Caire pour l'examen des réformes proposées par le Gouvernement Egyptien dans l'Administration de la Justice en Egypte. *(Alexandrie, Imprimerie française Mourès et Cie, 1870).*

Revue des Deux-Mondes, 1er février 1875 : La réforme judiciaire en Egypte et les Capitulations, par M. Charles Lavollée.

Avis de la Cour d'Appel d'Aix sur le projet de réforme judiciaire en Egypte. *(Aix, Typographie Ve Reymondet-Aubin, imprimeur de la Cour, 1875).*

Note sur la situation des Français en Egypte à l'égard des indigènes et des étrangers, dans le cas où l'Assemblée Nationale repousserait le projet de réforme judiciaire, par Ferdinand de Lesseps, Président-Directeur de la Compagnie du Canal de Suez. *(Paris, 7 juin 1875, Typographie A. Pougin).*

Journal Officiel des 13 et 14 janvier 1875.

Observation sur une brochure anonyme intitulée : *La Réforme Judiciaire en Egypte*, et distribuée aux membres de l'Assemblée Nationale. *(Paris, Imprimerie-Typographie de A. Pougin).*

La réforme judiciaire en Egypte, sa conformité avec les Capitulations. *(Paris, Imprimerie Caillet).*

LA

RÉFORME JUDICIAIRE

D'EGYPTE

DEVANT L'ASSEMBLÉE NATIONALE

Au premier jour, le Gouvernement français va demander à l'Assemblée Nationale de se prononcer sur la convention qu'il a conclue avec le Gouvernement égyptien « pour faciliter l'essai d'une réforme des institutions judiciaires dans ce pays » (1).

Personne n'ignore dans quelles circonstances s'ouvrira la délibération sur ce projet de loi.

La réforme judiciaire, acceptée par l'Europe et les États-Unis, commencera à fonctionner en Egypte le 1er janvier 1876.

Les propositions de S. A. le Khédive sont, à l'heure qu'il est, acceptées par les principaux Gouvernements européens et par les États-Unis, et ce n'est que par égard pour la France que le Gouvernement égyptien a reporté au 1er janvier 1876 (2), le fonctionnement des nouveaux tribunaux. Si l'Assemblée Nationale se refusait à restreindre

(1) Voir pièce justificative A.
(2) Voir pièce justificative B.

provisoirement, pendant une période d'essai de cinq ans, les pouvoirs de juridiction exercés par nos consuls, la réforme judiciaire ne recevrait pas moins son exécution, mais se ferait sans nous.

Il faut retourner plusieurs années en arrière si l'on veut rencontrer le premier appel que l'Egypte a adressé à la France pour l'aider à entrer dans le droit commun des nations.

Depuis 1867, le Khédive demande à l'Europe l'autorisation de réorganiser les institutions judiciaires de l'Egypte.

En 1867, sur la demande de S. E. Nubar-Pacha, ministre des affaires étrangères du Khédive, une Commission, composée de MM. Duvergier, Président de section au Conseil d'Etat; Max Outrey, Agent et Consul général de France en Egypte; Saudbreuil, Procureur-général près la Cour impériale d'Amiens; Féraud-Giraud, Conseiller à la Cour impériale d'Aix, se réunissait au Ministère des Affaires étrangères de France pour porter son examen sur les améliorations que pouvait réclamer l'état des institutions judiciaires en Egypte. Choisir notre Gouvernement pour lui soumettre, avant tous les autres, le projet de réforme, c'était pour le Khédive reconnaître les encouragements et l'appui que la France n'a cessé d'accorder à la transformation de l'Egypte entreprise par Mehemet-Ali et continuée par ses successeurs ; c'était mettre en quelque sorte sous notre patronage cette organisation judiciaire que la civilisation réclame non moins que la dignité de l'Egypte. C'était dire en même temps qu'on était prêt à donner aux intérêts français des garanties sérieuses et efficaces.

Depuis, une haute Commission française a continué en 1870 le travail de la première Commission nommée en 1867.

Cependant, dans les derniers mois de l'année 1869, le Gouvernement égyptien avait convié une Commission internationale constituée au Caire, et composée des Agents et Consuls généraux des grandes Puissances, l'Autriche-Hongrie, la Confédération de l'Allemagne du Nord, l'Angleterre, l'Italie, la Russie, la France et les Etats-Unis, à donner son avis sur le projet de réforme judiciaire.

Après la guerre de 1870, l'Egypte sollicitait de nouveau l'appréciation de l'Europe. Les travaux de la Commission internationale, qui prit séance à Constantinople, sont consignés dans un rapport en date du 15 février 1873.

La France, gardienne des Capitulations, n'a signé la Convention du 15 novembre qu'après avoir obtenu pour les intérêts européens la plus grande somme de garanties possible.

Malgré l'approbation donnée par l'Allemagne, l'Angleterre, l'Italie, l'Autriche et les Etats-Unis, la France, qui revendique le titre de gardienne des Capitulations, ne cessa de négocier avec l'Egypte que le jour où elle crut avoir obtenu du Khédive la plus grande somme de garanties possible. C'est seulement alors, le 15 novembre 1874, que le Gouvernement français autorisa son représentant, M. de Cazaux, à signer avec Shérif-Pacha, Ministre de la justice, l'acte concernant la réforme judiciaire qui va être soumis à la sanction de l'Assemblée Nationale.

Sans entrer dans le détail, il est permis d'affirmer que toutes les Commissions européennes qui ont eu à se prononcer sur les propositions du Khédive ont été unanimes à déclarer que les institutions judiciaires, telles qu'elles fonctionnent actuellement en Egypte, amènent avec elles de tels abus, qu'elles mettent en péril l'ordre public et la sécurité des biens et même des personnes. Si un sentiment qui se rapproche plus de la défiance que de la prudence n'était venu se mettre entre les propositions du Khédive et l'état de choses actuel, la réforme n'aurait pas rencontré d'adversaire.

Le but des développements qui suivent est de démontrer que le *statu quo*, qui ne serait supporté par aucun Gouvernement ayant conscience de son honneur et de ses responsabilités, paralyse en Egypte l'industrie et le commerce européens, et qu'on ne peut refuser au Gouvernement du Khédive qui, dès la première heure, s'est montré prêt à faire à l'Europe toutes les concessions compatibles avec son indépendance, cet essai pendant cinq ans de la réforme judiciaire qu'il veut entreprendre.

Quelles sont actuellement les institutions judiciaires de l'Egypte?

Institutions judiciaires de l'Egypte. — Trois points de vue :
1° Différends entre Étrangers de même nationalité;
2° Différends entre Étrangers de nationalités différentes;
3° Différends entre Étrangers et Indigènes.

Le fonctionnement de la justice en Egypte se présente sous un triple aspect, suivant que l'on envisage les rapports entre étrangers de même nationalité, entre étrangers de nationalités différentes, et entre indigènes et étrangers.

1° Les différends entre étrangers de même nationalité sont jugés par le tribunal consulaire de la nation des contestants. C'est au Consulat de France qu'est déféré le procès que le Français en Egypte dirige contre le Français. Il en est ainsi du Consulat d'Angleterre pour le procès de l'Anglais vis-à-vis de l'Anglais, et du Consulat de Russie pour le procès du Russe vis-à-vis du Russe;

2° Les contestations entre étrangers de nationalités différentes sont régies par l'adage : *Actor forum sequitur rei* et portées devant le tribunal consulaire du défendeur. Si un

Français veut actionner en justice un Italien, c'est devant le tribunal consulaire italien qu'il devra débattre sa réclamation. Le tribunal français serait, au contraire, seul compétent, si l'Italien demandeur actionnait en justice le Français défendeur.

Le jugement du premier degré une fois frappé d'appel, c'est le juge d'appel de l'appelant qui devient compétent; par exemple, si le Français condamné en première instance au profit de l'Italien par le tribunal consulaire italien veut recourir à la juridiction du second degré, la contestation est déférée à la juridiction compétente pour juger le Français, c'est-à-dire à la Cour d'Aix ;

3° Enfin, s'agit-il d'une contestation entre indigène et étranger, la décision appartient à la juridiction territoriale ou à la juridiction consulaire, suivant que l'indigène est défendeur ou demandeur; par exemple, l'indigène demande-t-il au Français le paiement d'une lettre de change, c'est le tribunal consulaire français qui est saisi du litige, parce que le Français a le rôle de défendeur. Que si le paiement de la lettre de change est réclamé par le Français à l'indigène, ce dernier étant défendeur, c'est la juridiction territoriale qui est compétente. Là encore, on le voit, c'est l'application de l'adage de droit : *Actor forum sequitur rei.*

Les institutions judiciaires actuelles de l'Égypte ne sont pas l'exécution pure et simple des Capitulations.

Ce fonctionnement judiciaire s'appelle improprement en France le régime des Capitulations ; et comme les Capitulations ont rendu à la civilisation et aux intérêts européens des services indéniables, on paraît compromettre la cause de la civilisation et desservir les intérêts européens en prêtant la main à une réforme judiciaire qui porte atteinte aux anciens traités et aux anciennes garanties.

Si les Capitulations méritaient moins le respect qu'on leur accorde et qui leur est dû, on pourrait peut-être se demander en quoi la situation des Européens en 1875 ressemble à la situation des Européens en 1535, lorsque fut signée la première Capitulation.

La situation de la société Européenne en vue de laquelle ont été faites les Capitulations ne ressemble en rien à la situation actuelle de la société Européenne en Égypte.

En 1535, lorsque pour cimenter son alliance avec François Ier, Soliman le Grand autorisa les Français à s'établir et à trafiquer dans le Levant, c'est la force des choses qui dicta les clauses du traité international. Les idées modernes n'avaient pas encore fait leur trouée ; le contact entre le Français et le Musulman n'était pas possible. Sectateurs de religions différentes, le Musulman et le Français ne pouvaient vivre à côté l'un de l'autre qu'à condition de demeurer isolés. Les barrières qui les séparaient seraient-elles tombées, il se serait tout aussitôt élevé entre eux une barrière infranchissable, ce Coran qui n'aurait pu devenir la loi de leurs rapports, le Code de leurs différends.

Que l'on se place à la date de la première Capitulation en février 1535, ou bien en octobre 1569 sous Charles IX, en juillet 1581 sous Henri III, en février 1597 et en mai 1604 sous Henri IV, même à la date du 20 mai 1740 sous Louis XV, il y a dans le Levant, à toutes ces époques, entre la société chrétienne et la société musulmane un abîme que rien ne peut combler.

La manière même dont le Franc campe sur le territoire turc fait bien voir sur quel pied il est reçu.

« Ce qui constituait un Consulat au Levant était un enclos fermé où résidaient le Consul d'une nation étrangère et les marchands ses compatriotes; outre leurs habitations, cet enclos appelé *Fond* renfermait ordinairement des magasins ou boutiques, une chapelle ou même une église, un four, un bain, une taverne, une boucherie et une halle aux poissons. » (DEPPING.— *Histoire du Commerce entre le Levant et l'Europe*, tome II, page 47).

« Voyez-vous dans les villes les plus importantes du littoral africain et de l'Asie Mineure ce quartier à part dont les Sarrasins ferment chaque nuit les murs au moyen de portails élevés ? C'est la colonie chrétienne. Les murs y sont plus propres et les maisons presque toujours mieux bâties qu'ailleurs. Au rez-de-chaussée s'étendent de vastes magasins encombrés de marchandises; au-dessus logent les négociants. Il y a dans ce quartier un four et une église desservie par son prêtre. Le Consul lui-même habite là : il y représente l'autorité de la Patrie absente. C'est une petite Troie, comme les exilés aiment à en construire, et, quand les ténèbres règnent, on pourrait s'y croire dans une cité européenne, si la voix du Muezzin n'arrivait par intervalles du balcon des minarets. » (M. de Gabrielli, avocat-général à la Cour d'Aix, depuis procureur-général à la Cour de Bordeaux).

Pourquoi le cacher ? L'esprit de séparation, d'isolement, était aussi bien du côté de l'Europe que du côté de la Turquie.

Nos règlements étaient loin d'encourager l'émigration vers le Levant ; les Consuls, autorisés à faire le commerce pour leur compte, n'avaient nul intérêt à augmenter le nombre des commerçants, à appeler autour d'eux la concurrence.

Quand, pour aller dans le Levant, on quittait Marseille, qui était en fait la seule sortie et qui est restée la voie de communication la plus importante (1), il fallait passer à travers un véritable système prohibitif. Les établissements levantins, simples dépendances ou régies des maisons marseillaises, étaient rigoureusement soumis à un cautionnement qui devait être accepté par la Chambre de Commerce de Marseille, et quand les gens de métier voulaient aller travailler dans les Échelles, ils ne pouvaient obtenir la permission de départ qu'après s'être présentés à la Chambre de Commerce et en avoir obtenu un certificat particulier, qu'elle ne leur délivrait qu'après s'être assurée qu'ils y étaient demandés.

Quoi d'étonnant que nos nationaux ne soient allés qu'en très-petit nombre tenter alors la fortune dans les Échelles ?

En 1682, s'il faut en croire M. de Guillerargues, ambassadeur à Constantinople, il n'y avait dans cette ville que six maisons de commerce faisant ensemble 600,000 piastres turques d'affaires. En 1778, un règlement du Gouvernement français admettait que l'existence de deux maisons dans chaque Échelle suffisait pour constituer la nation. En 1789, on ne comptait que 80 maisons inscrites sur les registres de la Chambre de Commerce de Marseille pour tout le Levant ; à admettre douze individus par maison, était-ce plus de mille Français? Enfin, en 1821, croirait-on qu'il n'y avait que 25 maisons cautionnées, dont une seule en Egypte?

---

(1) Voir pièce justificative C.

Il n'est pas besoin d'aller en Egypte pour savoir que les 79,696 Européens qui composent aujourd'hui la population étrangère (1) ne rappellent en rien les émigrants en vue desquels le régime d'isolement des Capitulations avait été édicté.

Depuis le 18 avril 1835, une ordonnance royale a levé tous les obstacles qui entravaient la liberté de migration vers le Levant ; d'autorisation préalable, de répondants, de cautions, il n'en est même plus resté le souvenir. Mehemet-Ali a fait tomber les murs du Fondique. La nation européenne n'est plus parquée dans un enclos à part, resserrée autour de son consulat. L'Européen est maître d'habiter où il le veut ; même, à son choix, il peut devenir locataire ou fermier, et son droit sur la maison située dans l'enceinte des villes ou sur le fonds rural doit être respecté. Bien plus, il ne tient maintenant qu'à lui de devenir propriétaire en Egypte, et sa propriété est sacrée, comme l'est celle du Musulman.

Situation actuelle de l'Egypte.

Si la condition de l'Européen a changé, la situation de l'Egypte est loin d'être restée la même.

Une initiative persévérante semble avoir retrouvé sur le sol les empreintes de l'ancienne civilisation. Comme il fallait frayer la route au commerce, à l'industrie, le Khédive s'est fait commerçant, le Khédive s'est fait industriel. Par ses ordres tout a changé de face. L'exportation des produits du sol (céréales, cotons, sucres), qui n'était que de 63,000,000 de francs en 1867, est arrivée à 300,000,000 de francs.

(1) Voir pièce justificative D.

L'importation atteint le chiffre de 170 millions. Le Canal de Suez a fait de l'Egypte le marché le plus actif entre l'Europe, l'Afrique et l'Asie, le véritable trait d'union entre l'ancien continent, les 160 millions de sujets indiens dans l'Inde et les 550 millions d'habitants de la Chine et du Japon. Dire que 2,000 kilomètres de chemins de fer, que 6,500 kilomètres de lignes télégraphiques sillonnent le pays, que les travaux du port d'Alexandrie et les travaux du port de Suez absorbent, les premiers, 50 millions, les seconds, 30 millions, que l'instruction publique a un budget de 2 millions de francs ; n'est-ce pas dire du même coup que l'Egypte est la première station du progrès moderne sur la route de l'extrême Orient ?

Ce ne serait donc pas méconnaître les services signalés que les Capitulations ont rendus aux intérêts européens que de soutenir que la situation pour laquelle les Capitulations ont été faites a depuis longtemps disparu en Egypte.

Mais le cadre fixé à notre examen est moins large et l'on veut se borner à examiner si les institutions judiciaires qui fonctionnent actuellement en Egypte sont, oui ou non, l'application du régime des Capitulations.

Revenir au régime des Capitulations ce serait, pour une grande partie, modifier les institutions judiciaires actuelles de l'Egypte.

Pour le dire d'un mot, revenir au régime des Capitulations, ce serait, pour la plus grande partie, modifier l'organisation judiciaire, telle qu'elle est aujourd'hui appliquée en l'Egypte.

1° Les Capitulations et la compétence du Tribunal Consulaire sur ses nationaux.

Que le tribunal consulaire ait compétence pour les contestations nées entre les nationaux de même nationalité ; que les différends entre Français, par exemple, doivent venir devant le consulat de France, c'est là une pratique qui n'est que l'exécution du régime des Capitulations.

On lit, en effet, dans l'article 3 du traité de 1535, une clause qui se trouve reproduite dans tous les traités subséquents avec la France (art. 12 du traité de 1569, art. 17 du traité de 1581, art. 18 et 45 du traité de 1604, art. 16 et 37 du traité de 1673, enfin, art. 14 du traité de 1740) :

« Toutes les fois que le Roi mandera à Constantinople ou à Péra ou autres lieux de cet empire, un baïle, comme de présent il tient un consul à Alexandrie, que lesdits baïle et consul soient acceptés et entretenus en autorité et convenance, de manière que chacun d'eux, en son lieu et selon leur foi et loi, sans qu'aucun juge, cadi, sous-bachi ou autres puissent ouïr, juger ou déterminer tant en civil qu'en criminel toutes les causes, procès ou différends qui naîtront entre marchands et autres sujets du Roi seulement, et au cas que les ordonnances desdits baïle et consul ne fussent obéies, et que, pour les exécuter, ils requissent le sous-bachi ou autres officiers du Grand-Seigneur, lesdits sous-bachis et autres requis devront donner leur aide et main-forte nécessaires, non que les cadis ou autres officiers du Grand-Seigneur puissent juger aucun différend desdits marchands et sujets du Roi, encore que lesdits marchands le requissent, et si, d'aventure, lesdits cadis jugeassent, que leur sentence soit de nul effet. »

Ces stipulations des traités entre la France et la Porte ont amené divers actes de la législation française, et notamment les édits de 1720, du 4 février 1727, de mars 1781, et surtout de juin 1778, qui fixent la procédure à suivre devant les tribunaux consulaires jugeant les contestations entre Français dans le ressort des Consulats.

L'article 2 de ce dernier édit porte les défenses les plus expresses à tout Français en pays étranger de citer, pour quelque cause que ce puisse être, un autre Français devant une juridiction étrangère, à peine de 1500 livres d'amende.

Pour conclure, lorsqu'en Egypte, le tribunal consulaire instruit une cause pendante entre Français, le tribunal consulaire procède en vertu des droits que lui reconnaissent nos Capitulations.

2° Les Capitulations et le principe *Actor forum sequitur rei* dans son application aux contestations entre étrangers de nationalités différentes.

Est-ce de la même source que, dans les contestations pendantes entre étrangers de nationalités différentes, découle pour le demandeur le droit de citer le défendeur devant le tribunal consulaire de sa propre nationalité ?

Les Capitulations ont-elles accepté comme droit l'adage: *Actor forum sequitur rei* ?

Pour se convaincre du contraire, une simple lecture suffit.

Les contestations entre Européens de nationalités différentes sont réglées par l'article 52 du traité de 1740, lequel est ainsi conçu (cette situation ne pouvait être prévue par les premières Capitulations ; dans les temps plus reculés, les Européens ne pouvaient s'établir dans l'empire Ottoman que sous la protection de la France.— Acte additionnel en date du 20 avril 1607 aux lettres patentes du 20 mai 1604) :

« S'il arrive que les Consuls et les Négociants français aient quelque contestation avec les Consuls et les Négociants d'une autre nation chrétienne, il leur sera permis, du consentement et à la réquisition des parties, de se pourvoir par devant leurs Ambassadeurs qui résident à la Sublime-Porte, et tant que le demandeur et le défendeur ne consentiront pas à porter ces sortes de procès par devant les pachas, cadis, officiers ou douaniers, ceux-ci ne pourront pas y forcer ni prétendre en prendre connaissance. »

La même situation est réglée de la même manière dans les divers traités qui sont intervenus entre la Porte et les autres puissances européennes. On se bornera à citer l'article 58 du traité avec la Russie du 10-21 juin 1783 :

« Les consuls et commerçants Russes se trouvant en litige avec des consuls et des négociants d'une autre nation chrétienne peuvent se justifier auprès du Ministre Russe accrédité à la Porte, si les deux parties litigieuses y consentent. Et si elles ne veulent point que leur procès soit informé par les pachas, les cadis, les officiers et par les inspecteurs des douanes de la Porte, alors ceux-ci ne pourront pas les obliger ni s'ingérer aucunement dans leurs affaires sans le consentement de toutes les deux parties en litige. »

Dès que les étrangers de nationalités différentes se sont trouvés dans le Levant dans un certain nombre, le droit de justice direct et personnel des Ambassadeurs est devenu une impossibilité.

A Constantinople, on créa d'abord des tribunaux mixtes, où des Européens désignés par les Ambassadeurs en dehors de toute action de l'autorité locale remplissaient exclusivement les fonctions de juges.

En 1820, les légations, par un accord verbal, remplacèrent les tribunaux mixtes par des commissions judiciaires mixtes qui, prenant pour base le principe de droit: *Actor forum sequitur rei*, étaient composées de trois membres, l'un d'eux désigné par la légation du demandeur, les deux autres par la légation du défendeur.

Mais lorsque les juridictions du dernier ressort ont eu à se prononcer sur la légalité de ces juridictions, le dernier mot n'est pas resté à l'interprétation que les légations avaient cru pouvoir faire du texte des Capitulations.

Tous les travaux qui se sont occupés jusqu'à ce jour de la réforme judiciaire en Egypte ont reproduit un arrêt de la Cour d'Aix, en date du 28 novembre 1864 (Pigeon contre Issaverdens et Cie), qui dénie tout droit de juridiction à ces Commissions mixtes :

« Attendu, dit l'arrêt, que, pour éviter d'avoir à juger eux-mêmes des différends trop nombreux, les ambassadeurs des grandes puissances à Constantinople convinrent verbalement de déléguer leurs attributions à des Commissions mixtes formées selon des règles et des conditions déterminées ;

» Mais attendu que cette convention, quoique sage en elle-même, quoique basée sur l'intérêt des justiciables et généralement acceptée dans la pratique, ne se retrouve dans aucun texte écrit et n'a été sanctionné par aucune autorité compétente ;

» Attendu, dès lors, qu'il faut reconnaître que les

Commissions mixtes n'ont d'autre autorité que celle qu'elles tiennent de la volonté libre des parties et que lorsque, pour un motif plus ou moins plausible, l'une d'elles refuse de se soumettre à leur juridiction, il n'est pas permis de l'y contraindre. »

Un arrêt de la Cour de Cassation, du 18 avril 1865, cité dans l'ouvrage de M. Féraud-Giraud, tome II, page 104, reproduit les mêmes principes sous une forme doctrinale encore plus explicite.

En Egypte, dans une contestation entre étrangers de nationalités différentes, si le demandeur est venu porter le litige devant le Tribunal du défendeur, c'est qu'en agissant ainsi le demandeur était sûr d'avoir la sanction de la sentence qu'il obtiendrait, le Tribunal consulaire étant intéressé à la faire exécuter lui-même, et que, d'un autre côté, toutes raisons interdisaient au défendeur de se refuser au jugement de sa propre nationalité.

Néanmoins, en doctrine, en droit strict, il faut affirmer que les pratiques judiciaires que l'on rencontre en Egypte pour les procès entre étrangers de nationalités différentes ne s'appuient ni sur le texte ni sur l'esprit des Capitulations, et que les anciens traités internationaux, à s'en tenir à leurs stipulations, ont, à vrai dire, institué pour ces sortes de contestations, une juridiction d'un fonctionnement impossible, mais qu'aucun équivalent légal ne peut remplacer.

3° Les Capitulations et les contestations entre indigènes et étrangers.

En troisième lieu, dans les contestations entre étrangers et indigènes, sont-ce les Capitulations qui limitent le droit de l'indigène à n'être cité devant le tribunal territorial que lorsqu'il est défendeur?

Sont-ce les Capitulations qui exigent que l'étranger défendeur soit cité par l'indigène devant le tribunal consulaire?

La réponse à cette double question est fournie par deux auteurs qui font autorité dans la matière.

On lit dans le *Guide Diplomatique* de Martens, page 181 :

« Lorsqu'un individu de la nation a un différend avec un sujet de la Porte, ou bien lorsqu'un crime capital a été commis par un sujet franc sur un sujet de la Porte, l'autorité locale, à laquelle en appartient la connaissance, ne peut dans la règle ni informer, ni procéder, ni prononcer un jugement sans la participation du Consul et la coopération de son interprète, qui doit assister à la procédure pour défendre les intérêts de l'individu de sa nation. »

M. Féraud-Giraud, dont les études sur les Echelles du Levant tiennent le premier rang parmi les travaux qui se sont occupés de la condition des Européens en Orient, n'est pas moins affirmatif. C'est à cet auteur que nous empruntons les citations suivantes :

Différends entre Français et Turcs. — « Lorsqu'il s'agit des différends entre un Français et un Turc, la justice turque est seule compétente *(De la juridiction française,* page 60).

« Les traités avec la Porte exigent que les différends naissent entre Français pour que la compétence des juges français soit reconnue. » *(Id., ibid,* tome I, page 114).

Crimes ou délits commis par des sujets français à l'encontre des sujets de la Porte. — « Aux termes des traités, s'il s'agit d'un crime commis sur un sujet de la Porte, l'autorité locale reste chargée de la répression. » *(Id., ibid.*, tome II, page 114).

M. Rigaud, Premier Président de la Cour d'Aix, n'a pas dénié à la juridiction territoriale cette compétence. Voici quels sont les termes dont il se sert dans la lettre qu'il écrit à M. le Garde des Sceaux pour lui faire connaître l'avis par lequel la Cour d'Appel d'Aix, juridiction en dernier ressort des Echelles du Levant, se prononce contre la réforme judiciaire :

« Les indigènes, on le sait, ont, d'après les traités, le droit d'être jugés par leurs juges naturels dans tous les cas, même lorsqu'ils sont demandeurs. Ces juges sont les cadis ou tous autres juges locaux de l'Egypte quand les procès sont de peu de valeur ; ce sont des juges supérieurs résidant à Constantinople quand les procès ont une certaine importance. »

Les mêmes principes ont forcément amené les mêmes appréciations quand l'état des institutions judiciaires a été examiné en 1836 par la Chambre des Députés Française, lors de la discussion de la loi de 1835-1836 :

Exposé des motifs par le Ministre de la Justice : — « La plus précieuse des prérogatives dont jouissent les Français établis au Levant et en Barbarie, celle de n'être pas justiciables des tribunaux turcs et d'être renvoyés devant leurs consuls *pour les délits ou les crimes qui n'atteignent aucun sujet ottoman*, continue de n'avoir d'autre résultat qu'une impunité aussi affligeante pour la justice que pour la morale publique..... » (*Moniteur*, 21 janvier 1836.)

CHAMBRE DES DÉPUTÉS. — *Rapport de M. Parant* : « Parmi les priviléges les plus appréciables pour les Français, il faut compter celui de n'être justiciables que de leur justice nationale, *lorsqu'il s'agit de différends entre eux ou de crimes commis par eux, à l'égard d'un sujet franc.* » (*Moniteur*, 20 février 1836).

CHAMBRE DES PAIRS.—*Rapport du marquis de Barthélemy* : « Messieurs, un privilége qui serait considéré comme exorbitant partout ailleurs qu'en pays de chrétienté est assuré par nos Capitulations avec la Porte aux Français établis dans les Etats Ottomans : c'est celui de n'être jugés en matière civile et criminelle que par nos consuls et d'après nos lois, *pourvu que les sujets turcs ne soient pas intéressés dans la contestation.* » (*Moniteur*, 17 avril 1836).

Il serait impossible de professer une autre opinion en présence des textes formels des diverses Capitulations qui sont intervenues entre la Turquie et la France.

Que l'on veuille bien suivre quelques citations, que la démonstration rend nécessaires.

Article 5 *de la Capitulation de* 1535 ; « *Item* qu'en

causes criminelles, lesdits marchands et sujets du Roi ne puissent être appelés des Turcs Kharatchguzars devant le cadi ni autre officier du Grand Seigneur, et que lesdits cadis et officiers ne les puissent juger, ainsi sur l'heure les doivent mander à l'Excellentissime Porte, et, en l'absence d'icelle Porte, au principal lieutenant du Grand Seigneur, là où voudra le témoignage du sujet du Roi et du Kharatchguzar du Grand Seigneur, l'un contre l'autre. »

Article 11, Capitulation de 1569 : « Et quand il s'intentera quelque procès ou débat avec lesdits Français, et que pour la décision d'icelui ils iront devant le juge ordinaire, et que le propre interprète desdits Français ne se trouvera présent, icelui juge n'écoutera lesdits différends; mais étant ledit interprète et truchement en service d'importance, sera attendu jusqu'à son retour. Aussi ne faut-il pas qu'ils fassent cavillation, disant ledit interprète n'est à présent et ne l'entretiendront, ains le prépareront. »

Article 16, Capitulation de 1581 : « Si quelqu'un avait procès ou différend avec les Français et qu'ils allassent vers le cadi, et ne se trouvant le drogman propre des Français prompt et présent, que le cadi n'écoute ledit procès, et si par cas ledit drogman propre des Français est en service d'importance, qu'il attende jusqu'à ce qu'il soit venu, toutefois qu'iceux ne fassent aussi cavillation, disant que le drogman n'est prêt et ne temporisent, mais à préparer leur drogman. »

Article 34, Capitulation de 1604 : « Si quelqu'un de nos

sujets a différend avec un Français, dont la connaissance appartienne à nos juges, nous voulons que le juge qui en connaîtra ne puisse écouter la demande du demandeur qu'un interprète de sa nation ne soit présent, et si pour lors il ne se trouve aucun interprète pour comparaître devant le juge et défendre la cause du Français, que le juge remette la cause à un autre temps, jusqu'à ce qu'il se trouve un interprète, lequel toutefois le Français sera obligé de trouver et faire comparoir, afin que l'effet et expédition de la justice ne soient différés. »

Article 36, *Capitulation du* 5 *juin* 1673 : « Nous voulons qu'ils soient exempts de l'impôt appelé hursié. Si quelqu'un de nos sujets a différend avec un Français, dont la connaissance appartienne à nos juges, ils ne puissent écouter la demande du demandeur qu'un interprète de la nation ne soit présent, et si pour lors il ne se trouve aucun truchement pour comparaître devant le juge et défendre la cause du Français, que les juges remettent la cause à une autre fois, jusqu'à ce que l'on trouve l'interprète ; le Français sera toutefois obligé de le faire trouver, afin que l'effet et prompte expédition de la justice ne soient point différés. »

Article 26, *Capitulation de* 1740 : « Si quelqu'un avait un différend avec un marchand français et qu'ils se portassent chez le cadi, ce juge n'écoutera point leur procès si le drog-man français ne se trouve présent, et si cet interprète est occupé pour lors à quelque affaire pressante, on différera jusqu'à ce qu'il vienne ; mais aussi les Français s'empresseront de se représenter sans abuser du prétexte de l'absence du drogman. »

Les puissances Européennes ayant accepté les propositions de l'Égypte et ayant conséquemment renoncé, pour tous les points qui touchent à la réforme judiciaire, aux Capitulations qu'elles avaient obtenues, il n'y pas lieu de se demander si pour la France, qui jouit du traitement de la nation la plus favorisée, l'interprétation des art. 6, 8 et 13 du traité de 1737 avec la Suède et l'interprétation de l'art. 4 du traité du 7 mai 1830 avec les États-Unis ne modifieraient pas l'interprétation que nous avons donnée aux diverses Capitulations stipulées directement avec notre pays. D'ailleurs, s'il le fallait, nous démontrerions que la condition de la Suède et des États-Unis ne diffère en rien de la condition faite à la Faance.

Si l'on s'en tient au texte des Capitulations, il est donc certain que la Sublime Porte n'a aliéné aucune partie de ses privilèges dans les contestations entre indigènes et étrangers, et qu'elle a retenu le droit de justice non-seulement pour la matière civile et commerciale, mais encore pour la matière pénale.

Pratique de la Turquie dans les contestations entre indigènes et étrangers.

Pendant quelque temps, les différends entre Européens et sujets Turcs ont été jugés dans les Échelles par un fonctionnaire de la Porte qui se faisait assister d'assesseurs désignés par lui dans le nombre des négociants Ottomans et étrangers.

La Porte a bien fait quelques tentatives pour déférer ces litiges à des juges exclusivement musulmans, qui ne procéderaient, il est vrai, qu'en s'aidant de l'intervention des interprètes des ambassades. Mais sur les représentations et la résistance des ambassadeurs, les assesseurs européens ont été maintenus. C'est au moyen de juges nommés par la Porte et de négociants délégués par les légations ou les Consulats qu'ont été composés les tribunaux mixtes de commerce qui ont commencé à fonctionner à partir de 1846.

Quant à la justice ottomane, qui comprend diverses juridictions, elle procède « en interprétant la loi dans son sens civil et religieux tout ensemble; en s'aidant de la collection de décisions publiées sous le nom de *multeca* par Soliman II et modifiées en 1824 par Mahmoud. Le projet d'organisation administrative de juin 1867 apporterait quelques modifications à l'ensemble de l'organisation judiciaire que nous venons d'indiquer. » (*Commission française de* 1867, page 11.)

Pratique de l'Egypte dans les contestations entre indigènes et étrangers.

En Egypte, jusqu'en 1854, tous les litiges commerciaux entre étranger et indigène étaient jugés par le Gouverneur du Caire ou celui d'Alexandrie, qui appelait alors à son divan deux ou trois notables européens et deux ou trois notables indigènes et leur confiait la décision du litige. L'européen était tenu de comparaître devant ce tribunal, mais il n'y venait qu'accompagné par le drogman de son consulat.

Lorsque l'émigration eut augmenté le nombre des résidents Européens en Égypte, les procès s'accrurent naturellement, et comme plus d'une cause pouvait empêcher l'interprète de comparaître et que sans la présence de l'interprète il n'était pas permis au Tribunal de donner justice, « des jours et des mois se passaient ; l'indigène fatigué, ne pouvant obtenir justice, s'adressait au consul lui-même, réclamant sa protection ; le consul, au lieu de renvoyer les parties avec son interprète au Tribunal, se mit à juger. »

Ainsi commença cet empiètement qui a été inspiré, sans doute, à tel consul par un désir très-louable de terminer les affaires. L'exemple une fois donné fut bientôt suivi par tous les consuls et cela devait être, toutes les nationalités étant égales en droit.

Deux autres causes devaient encore favoriser ces empiètements de pratique judiciaire.

Les Capitulations voulaient que, suivant l'importance du litige (pour tous les procès excédant 4000 aspres), la cause fût déférée directement à la Sublime Porte. Ce recours lointain n'équivalait-il pas, suivant la position des plaideurs, à un déni de justice ?

D'autre part, quand les Tribunaux locaux avaient jugé, force était de s'adresser aux consulats pour l'exécution. De là plus d'une difficulté.

Lorsque, au contraire, la décision émanait de la juridiction consulaire, l'indigène était sûr d'obtenir pleinement justice.

Est-il besoin d'insister et n'a-t-on pas démontré que ce ne sont pas les Capitulations qui sont suivies quand il s'agit aujourd'hui de statuer en Egypte sur des contestations entre indigène et étranger?

En toute impartialité, il faut donc admettre que les puis-

4

sances n'auraient eu aucune réponse à faire à l'Egypte si celle-ci s'était bornée à leur demander de revenir aux stipulations des Capitulations, ou si, dès les premières infractions, elle avait essayé de sauvegarder, par des protestations et même une résistance, sa situation acquise.

Est-ce bien une justice, une justice internationale que d'enfermer l'Égypte dans un cercle d'usages et de coutumes qui ne permettrait plus à ses revendications légitimes de se faire jour ?

Sans entrer dans une discussion théorique sur la portée en soi des coutumes et des usages, sans se demander si les Echelles du Levant ne sont pas une terre d'exception, où les usages et les coutumes équivalent à la loi, ont force de loi, ne convient-il pas de voir les choses d'Egypte sous le jour et sous l'appréciation qui leur appartiennent ?

L'Egypte aurait usé de son droit en demandant à l'Europe de revenir au régime des Capitulations.

Si les Capitulations ont force exécutoire en Egypte, c'est qu'elles émanent de la Porte, la puissance suzeraine, qui, en les signant, stipulait, non-seulement pour elle, mais encore pour tous les pays soumis à sa domination, au nombre desquels se trouvait alors la province d'Egypte.

A se placer sur le terrain des coutumes, faudrait-il examiner la coutume telle qu'on la rencontre en Turquie, ou telle qu'elle se manifeste dans la province d'Egypte?

En Turquie, sous l'œil de la puissance suzeraine, la pratique, telle qu'elle a suivi la signature des Capitulations, peut s'appeler une interprétation couverte par le consentement réciproque des parties contractantes.

En Egypte, quel que soit le fait, quelle que soit la

forme qu'il emprunte, n'aurait-il pas autour de lui ces indécisions et ces incertitudes que l'on pourrait relever, ce n'est jamais que le fait, le fait qui ne peut prévaloir contre le droit, contre le texte écrit, contre les stipulations du traité international.

Le Gouvernement égyptien n'aurait pu consentir à mettre à néant les Capitulations. Ce qu'il a laissé faire contre leur exécution pure et simple ne peut donc s'appeler une modification, c'est tout au plus une tolérance.

Ces considérations, qu'il était bon de ne pas laisser de côté, ne sont pas les raisons sur lesquelles s'appuie le Gouvernement égyptien lorsqu'il dénonce à l'Europe les institutions judiciaires de l'Egypte.

L'ordre public et la sécurité des biens et des personnes sont intéressés à la réforme judiciaire.

C'est surtout l'intérêt de l'ordre public qu'il met en avant et la sécurité des biens et des personnes, lorsqu'il a, pour ainsi dire, fait toucher du doigt les abus du système actuel, il est bien venu à parler de sa propre dignité, puisque sa propre dignité se confond alors avec les droits de la civilisation.

Pour peu qu'on veuille sonder le mal dans ses profondeurs, c'est à ne pas croire qu'en plein XIXe siècle une société aux portes de l'Europe puisse garder dans son sein les inconvénients qu'amène la pratique judiciaire qui fonctionne aujourd'hui en Egypte.

Institutions judiciaires de l'Égypte examinées au point de vue des inconvénients et des abus de leur fonctionnement.

Il ne nous est pas permis de parler des procès entre Français qui se discutent devant le Tribunal consulaire français.

1° Juridiction des Consulats Français, dans les contestations entre Français, et dans les contestations où le Français a le rôle de défendeur vis-à-vis d'un demandeur indigène ou étranger.

S'il ne nous convient pas de rappeler le respect que mérite la justice française, quel que soit le lieu où elle rende ses décisions, à Alexandrie et au Caire, aussi bien que devant la Cour d'Aix, l'estime de l'Europe supplée bien haut à notre silence et dit mieux que nous ne pourrions le faire quelle place la magistrature française à tous les degrés a toujours tenue à la tête de la civilisation.

De même, dans les contestations entre Français et indigène, quand le Français défendeur a été actionné devant le Tribunal consulaire, ce n'est jamais l'indigène qui a pu se plaindre de l'indépendance du juge, de l'impartialité de ses jugements.

Rapport de la Commission française de 1867, page 24 : « Il résulte d'un état des jugements rendus au Tribunal consulaire de France à Alexandrie dans des causes entre indigène demandeurs contre Français que sur 70 affaires portées devant le Tribunal, de janvier 1866 à septembre 1867, les indigènes ont vu leurs demandes accueillies dans 51 affaires, repoussées seulement dans 8. Des mesures préparatoires ayant été ordonnées dans les autres affaires, elles n'avaient pas encore été jugées en septembre 1867. »

2° Juridiction territoriale, dans les contestations où l'indigène a le rôle de défendeur.

Pour les contestations entre l'Européen demandeur et l'indigène défendeur, qui, comme il a été expliqué, sont déférées à la justice locale, on peut se borner à transcrire l'appréciation que M. de Lex, Consul-Général de Russie en Egypte, portait le 6 novembre 1869 au milieu de la Commission internationale réunie au Caire :

« Cet état de choses (contestations entre européen et indigène) est nuisible, il est vrai, mais il faut constater qu'il est bien plus nuisible aux européens qu'aux indigènes ; car dans leurs procès avec les indigènes, les premiers doivent s'adresser au tribunal de Commerce, qui ne vaut pas les tribunaux consulaires, ou aux tribunaux civils locaux, dans lesquels personne n'a confiance. C'est ce qui fait que souvent ils abandonnent les poursuites les mieux justifiées. Les réclamations des Européens contre les indigènes sont souvent jugées administrativement, surtout quand il s'agit du Gouvernement. Sans doute, presque tous ont pu recevoir plus qu'il ne leur était dû, mais il y en a beaucoup qui n'ont pas pu faire aboutir les demandes les plus justes. »

M. Giaccone, conseiller à la Cour d'appel de Brescia, commissaire pour le Gouvernement italien à la Commission internationale de 1870, partageait entièrement la manière de voir de M. le Consul-Général de Russie.

Voici de quelle manière il s'exprimait dans la même séance :

« Quand il s'agit de litiges entre européen et indigène, les inconvénients sont graves : il n'y a pas seulement diversité, il y a incertitude sur la loi qu'on doit appliquer et impossibilité même de la connaître. Il y a incertitude aussi sur la juridiction. La justice et l'administration sont confondues à tel point que le pouvoir judiciaire est absorbé par le pouvoir administratif. Ainsi, même pour les requêtes qui demandent citation en matière commerciale, on doit s'adresser au Gouvernement. C'est à lui aussi qu'on doit présenter les requêtes à fin d'exécution des sentences des tribunaux mixtes de commerce. Pour citer, entre bien d'autres cas, une conséquence de cette confusion : après la crise commerciale de 1866, tandis que les biens des faillis sujets européens étaient régulièrement liquidés par les tribunaux consulaires et distribués entre leurs créanciers, l'intervention de l'administration locale dans les faillites des négociants indigènes du Bazar a empêché qu'une semblable distribution n'eût lieu. Cela est si vrai que le gouvernement Egyptien a dû, comme responsable, rembourser les créanciers. »

Ce serait mal apprécier les choses que de mettre à la responsabilité du gouvernement Egyptien les défectuosités de l'organisation judiciaire indigène.

Que peut valoir cette justice locale, dont l'action impuissante vient tous les jours se heurter contre des juridictions étrangères auxquelles le dernier mot appartient toujours ? Comme elle est sans pouvoir, elle est sans dignité, et Nubar-Pacha a eu raison de dire à l'Europe :

« Ce n'est pas une bonne administration qui fait une bonne justice ; c'est par une bonne justice qu'on arrive à une bonne administration. »

3e Juridiction des consulats pour les contestations entre étrangers de nationalités différentes.

C'est surtout pour les contestations entre étrangers de nationalités différentes que les abus éclatent avec une telle force qu'il est impossible de les contester.

Comme on le sait, pour cette classe de procès, c'est le principe *Actor forum sequitur rei* qui est appliqué ; il faut donc amener le débat devant le tribunal du défendeur.

Au Caire, il y a dix-sept consulats ; il y a donc dix-sept juridictions possibles. N'est-ce pas une entrave énorme pour les transactions que cette incertitude qui, au moment où l'on contracte, ne permet pas de savoir de quelle législation l'on pourra être, au besoin, justiciable ?

Et que l'on ne dise pas que les législations de l'Europe s'empruntent réciproquement les dispositions de leurs Codes. Il est exact que les lois de l'Europe ont entre elles un fonds commun qui procède du Code Français ; mais entre le Code Français et la législation de la Prusse, de l'Autriche, de la Russie et des Etats-Unis, que de différences importantes ne pourrait-on pas signaler ?

Et que l'on ne dise pas encore que l'on sait toujours avec qui l'on traite et conséquemment que l'on peut toujours savoir en face de quelle législation on se trouvera.

Non, cette affirmation absolue ne serait vraie ni pour les rapports civils, ni surtout pour les rapports commerciaux. Je prête mon cheval à un Anglais, qui lui-même le prête à un Russe ; ce que je veux, moi, plus tard, lorsque l'échéance de la restitution sera venue, ce ne sont pas des dommages-intérêts qui représenteraient la valeur de mon cheval, c'est mon cheval lui-même. J'ai pensé, ayant traité avec un Anglais, qu'au besoin je n'aurais à débattre mon droit que devant le tribunal consulaire anglais, en face de la législation anglaise ; mais la possession du Russe est survenue et il me faut, contre mon attente, me présenter devant le tribunal consulaire russe me soumettre aux dispositions de la loi russe.

Voilà pour les rapports civils.

Quant aux rapports commerciaux, lorsque j'accepte une lettre de change, je ne sais jamais à qui cette lettre de change sera endossée, mais ce que je sais bien, c'est que l'endossement la fera passer en plusieurs mains, et le tiers porteur qui me la présentera, si j'ai à plaider contre lui, peut aussi bien me conduire devant le tribunal consulaire italien que devant le tribunal consulaire grec, suivant que sa nationalité est grecque ou italienne.

En Egypte, on ne peut donc jamais préciser avec certitude, lorsque étranger on contracte avec un étranger, par quelle loi, ni par quel tribunal on sera jugé.

Ces choses-là ne sont cependant pas indifférentes à connaître, et toutes les fois qu'une difficulté devient possible à l'horizon entre étrangers de nationalités différentes, c'est à qui voudra s'assurer, même au mépris de la bonne foi et des stipulations les plus expresses, le bénéfice de la qualité de défendeur.

Je vous dois une somme d'argent, mais j'ai aussi contre vous quelque réclamation à faire valoir ; je me garde bien de vous payer ; du moins, en agissant ainsi, j'ai la chance d'être cité devant le juge de ma nationalité. De même, rien ne m'est plus à cœur que de me mettre en possession de l'objet litigieux ; la revendication m'assurera les avantages de la position de défendeur, et ce à quoi je tiens par dessus tout, c'est à ne pas être distrait de mes juges naturels.

Le tribunal du défendeur une fois saisi, il arrive la plupart du temps que celui-ci auquel on réclame en paiement une somme déterminée est en compte avec le demandeur. Opposer à la demande de ce dernier des réclamations qui viennent en déduction de la créance principale, l'éteignent par la compensation ou même quelquefois arrivent à la dépasser, cela se nomme en procédure une demande reconventionnelle ; en équité, c'est l'application du droit de défense, du droit de défense sans lequel aucune justice n'est possible.

Croirait-on que les dix-sept juridictions qui se partagent l'Egypte ne sont pas fixées sur la portée de leurs droits vis-à-vis de la demande reconventionnelle. Le tribunal français lui-même a refusé souvent de juger cette exception de droit naturel qui, admise, aurait diminué d'autant la dette du débiteur français. Dans ce cas, ce dernier a été condamné à payer par provision le montant de sa dette, et quant aux compensations qu'il aurait pu faire valoir, c'est le tribunal étranger qu'il a dû saisir.

Commission française de 1867 : — « L'application rigoureuse de la règle *Actor forum sequitur rei* fait que le défendeur ne peut former des demandes reconventionnelles devant le tribunal où il est attaqué ; il est obligé de limiter sa défense, de subir parfois une condamnation et d'intenter un procès devant une autre juridiction. Cette situation est d'autant plus fâcheuse pour nos nationaux que, d'après l'édit de 1778, les tribunaux consulaires français prononcent l'exécution provisoire de leurs jugements et que l'action reconventionnelle, portée plus tard devant un autre tribunal, avec des pertes de temps et d'argent, alors même qu'elle réussit, peut rester sans effet. »

Nous avons déjà sommairement indiqué la règle de compétence qui s'applique à l'appel que l'on forme contre la sentence des juges en premier ressort.

Le recours par voie d'appel « est porté devant le tribunal compétent pour connaître en dernier ressort des sentences rendues par les juges consulaires de l'appelant. » (Féraud-Giraud, *De la juridiction française*, tome II, page 250).

Au risque d'étonner, nous affirmerions volontiers que la situation de l'étranger qui a perdu son procès en première instance est préférable à la situation de l'étranger qui l'a gagné. Du moins, s'il s'adresse aux juges supérieurs, c'est en pleine connaissance de cause qu'il agit et il n'a pas à appréhender l'application d'une législation dont il ne connaît ni l'esprit, ni la lettre, ni les dispositions.

En effet, dans une contestation entre un Français et un Suédois, si le Français perd son procès, l'appel porte la cause devant la juridiction française du dernier ressort, et avant de s'engager dans la voie du recours, le Français peut se renseigner en interrogeant ses nationaux et encore en consultant une jurisprudence qui est à portée de sa main.

Si, au contraire, il a le malheur d'avoir réussi, l'appel du Suédois remet pour lui tout en question et c'est devant la Cour de Copenhague qu'il faut aller plaider, malgré l'éloignement, malgré la difficulté de se mettre en rapport avec les hommes de loi du pays, et malgré les appréhensions instinctives de cette juridiction inconnue.

Ne remarque-t-on pas encore qu'avec ce système de compétence, il peut se faire que la loi de l'appel soit toute différente de la loi qui a été appliquée en première instance ?

Ne voit-on pas encore que l'appel, dans les conditions où il va se débattre, qu'est-ce autre chose sinon un mur infranchissable derrière lequel, suivant l'importance des procès et la situation de fortune des plaideurs, le droit n'existe plus pour personne ?

Il pourrait même arriver que ni l'un ni l'autre des deux plaideurs ne fût satisfait du jugement ; si un appel est émis par tous les deux, quelle sera la juridiction du dernier ressort compétente ? C'est là une difficulté de procédure dont on ne se charge pas de donner la solution.

Encore si le plaideur, qui a appelé à lui toutes ses énergies pour supporter ces tracasseries, ces dépenses et ces préoccupations, était sûr, quand il a épuisé toutes les juridictions, d'obtenir enfin justice.

Mais avec la règle *Actor forum sequitur rei* tout est possible, même l'impossible.

C'est pour un tableau de prix que le débat s'est engagé entre le Français et le Suédois. La Cour de Copenhague vient de prononcer le dernier mot en donnant raison au Français. Pour que celui-ci ne rentre pas en possession de son tableau, que faut-il ? Une chose bien simple : que le Suédois s'entende avec un Anglais pour lui remettre la peinture. Tout est alors à recommencer. Le dossier de procédure est complet vis-à-vis du Suédois; qu'importe? Il n'existe contre l'Anglais ni jugement ni arrêt. C'est devant la juridiction anglaise qu'il faut de nouveau aller plaider !

Commission française de 1867, page 9 : « Les inconvénients sont bien plus nombreux s'il y a plusieurs défendeurs. Il faut faire autant de procès que l'on a d'adversaires appartenant à des nationalités différentes ; de là des frais nombreux, du temps perdu, parfois des contrariétés de jugements et des difficultés très-grandes d'exécution. »

Parcourons successivement quelques espèces que la pratique de tous les jours rencontre.

Il n'est pas de chose plus fréquente dans les procès que ce que l'on nomme un recours en garantie. Exemple : un Suédois, pour emprunter toujours nos exemples aux mêmes nationalités, a loué à un Français une maison d'habitation. Le Français l'a sous-louée à un Anglais qui, dénaturant l'état des lieux, veut abattre les cloisons et transformer la maison d'habitation en magasin d'entrepôt. Le Suédois se plaint contre le Français, et le Français lui-même, si la plainte est fondée, n'a qu'à se retourner, pour être indemnisé, contre l'Anglais, puisque sans le fait de celui-ci la réclamation du Suédois ne se serait pas produite.

Ce recours en garantie est indiqué aussi bien par l'équité naturelle que sanctionné par les règles du droit positif; ce serait consacrer une injustice que de faire condamner en justice un plaideur que l'on priverait du droit de défense.

En Egypte, le recours en garantie n'est pas possible.

Le débat entre le Suédois et le Français se discutera devant le tribunal consulaire français, où le Français sera peut-être condamné, et le débat entre le Français et l'Anglais sera porté devant le tribual consulaire anglais, où le Français n'obtiendra peut-être pas gain de cause.

Ainsi le veut la règle *Actor forum sequitur rei.*

En matière de solidarité (la solidarité, qui est la base des principaux contrats du droit commercial : la société, la lettre de change, le billet à ordre), les inconvénients du régime actuel ne sont pas moins sensibles.

« Il résulte de ces conventions que, par exemple, si un Hellène, porteur d'une lettre de change souscrite par un Français, actionne ce Français en paiement devant une commission mixte composée de *deux Français et d'un Hellène*, il ne pourra, devant cette commission, demander condamnation à l'encontre d'un endosseur Hellène comme lui. La commission mixte devra juger la demande en ce qui concerne le Français, se déclarer pour le surplus incompétente. C'est ce qui a été jugé plusieurs fois et notamment par la commission mixte de Constantinople, dans l'affaire Bonnefous contre Reginopulo. Lors de l'appel, jugé le 24 mai 1858 par la cour d'Aix, aucune partie ne soutint le mal-jugé de cette partie de la sentence. » (Féraud-Giraud.)

Ainsi une lettre de change impayée peut amener autant de procès qu'il y a d'endosseurs. Quelque étendue que soit la confiance commerciale, il ne faut cependant pas lui demander de ne pas craindre une pareille justice.

« Supposons, dit M. Charles Lesseps dans l'écrit si remarquable qu'il a publié sur la matière, une lettre de change tirée d'Alexandrie sur Constantinople, avec quatre engagés domiciliés et établis dans ces deux villes : le tireur Français, l'accepteur Autrichien, les endosseurs, l'un, Suédois, l'autre, Espagnol ; il faudra que l'infortuné porteur de la lettre de change, après avoit plaidé devant quatre juridictions mixtes, aille encore en appel soutenir son droit à Londres, à Aix, à Trieste ou à Vienne et à Madrid. »

Commission internationale de 1870, pages 27 et 28 : « Ne se présente-t-il pas, dans le règlement des faillites, des difficultés insurmontables quand le tribunal de la faillite annule, en vertu de la loi qui le régit, des contrats faits avec un étranger ou des paiements qu'il a reçus ? »

« Les mêmes difficultés n'existent-elles pas dans les procès où, sur une somme saisie et sur le prix d'un immeuble, il y a lieu à des distributions par voie de contribution ou par voie d'ordre entre créanciers de nationalités différentes ? »

A des points de vue plus généraux, les abus du fonctionnement actuel se manifestent avec une telle évidence qu'aucun gouvernement, quel qu'il soit, ne les supporterait.

Actions réelles immobilières. — C'est une question débattue entre le Gouvernement égyptien et les Consulats que celle de s'entendre sur la juridiction compétente pour les actions réelles immobilières.

En théorie, le Gouvernement égyptien soutient que dans cette matière la compétence n'appartient qu'aux tribunaux territoriaux. En pratique, il subit la juridiction du tribunal consulaire du défendeur, lorsque la contestation se débat entre étrangers de nationalités différentes; et lorsque le procès s'élève entre étrangers de même nationalité, est-il besoin d'ajouter qu'il s'est résigné à ne pas restreindre sur ce point les empiètements de la juridiction des Consulats?

Entre autres inconvénients, voici une conséquence bien saillante de l'application de la règle *Actor forum sequitur rei* aux actions réelles immobilières.

En Egypte, aucun régime hypothécaire ne pourrait fonctionner; l'hypothèque n'est possible qu'avec l'unité de juridiction. En Egypte, il n'y a pas de droits réels, il n'y a qu'un droit personnel; les biens qui sont au soleil ne peuvent donc apporter au crédit de leur propriétaire le secours que l'on trouve en France dans l'emprunt hypothécaire.

Non moins que les particuliers, le Gouvernement a le droit de se plaindre de cette situation, qui non-seulement entrave sa souveraineté territoriale, mais qui fait encore obstacle au développement des affaires publiques.

Sans droit hypothécaire, la constitution d'un Crédit foncier ne peut même être essayée; cependant ignore-t-on quel concours puissant, nécessaire, les Crédits fonciers apportent aux grands ouvrages, aux travaux publics, à la transformation d'un pays ?

Tandis que le Gouvernement a les mains liées, l'agriculture ne peut emprunter qu'en passant par les taux onéreux de l'usure.

Brevets d'invention. — Propriété industrielle. — Propriété littéraire. — Ce sont là des lois que l'Egypte, malgré les services qu'elles seraient appelées à rendre, ne peut promulguer, parce qu'elle n'est pas à même de les faire exécuter.

Qu'un industriel trouve un procédé nouveau pour faire des briques ; qu'un autre ait réussi à dessécher les boues que le Nil étend sur les terres ; ces recherches sont matières à brevet d'invention. C'est le caractère privatif de la propriété industrielle que le Gouvernement, en retour des services que le procédé peut lui rendre, reconnaît à l'invention.

Accorder un brevet d'invention est une chose interdite à l'Egypte. Parmi les dix-sept consulats qui constituent comme des entreprises de souveraineté sur la souveraineté territoriale, ne pourrait-il pas se trouver un consulat dont la législation n'édicterait contre la contrefaçon aucune règle prohibitive ?

Contestations vis-a-vis du Gouvernement, des administrations et des daïras de S. A. le Khédive et des membres de sa famille. — Dans les institutions judiciaires actuelles on ne trouve aucune juridiction compétente pour statuer sur les réclamations que les tiers peuvent faire valoir contre le Gouvernement, les administrations et les daïras de S. A. le Khédive et des Princes.

Pendant quelque temps (*Commission française* de 1867, page 12) « pour les jugements des procès que les vice-rois ont eus avec les étrangers, ils ont consenti à créer des Commissions spéciales en vue desquelles il a été arrêté des règlements particuliers de procédure, et même quelquefois ils ont porté leurs différends devant les tribunaux Européens. »

Aujourd'hui, ces réclamations se formulent par l'intermédiaire des consuls ; c'est par voie diplomatique qu'elles sont discutées.

La dignité de l'Europe n'a-t-elle pas à souffrir de cette attitude que la force des choses impose à ses consuls généraux ? Les représentants des puissances ne perdent-ils pas quelque chose de leur dignité à se faire ainsi les porte-paroles des prétentions quelquefois exagérées de leurs nationaux ?

Si la réclamation est acceptée, n'est-ce pas souvent par égard pour la puissance européenne bien plus que pour le droit du réclamant que le gouvernement égyptien se détermine ? Est-ce là de la justice, d'un côté ? Est-ce là de l'indépendance, de l'autre ?

Si la réclamation est repoussée, n'y a-t-il pas à craindre que, suivant le cas, la discussion sur un intérêt privé n'aboutisse à un conflit diplomatique ?

Et les consuls eux-mêmes, quand ils n'auraient que cette alternative également pénible, ou bien de froisser leurs nationaux en ramenant aux limites de la raison et de la justice le

6

montant de leurs prétentions, ou bien de compromettre leur situation officielle en transmettant sans examen préalable les réclamations, quelles qu'elles soient, qui peuvent venir à leur adresse !

La convention internationale qui est déférée à la sanction de la Chambre n'ayant pas maintenu le projet de réforme en matière pénale que l'Egypte avait d'abord proposé à l'Europe, on peut se dispenser de relever ici les abus que présente la pratique actuelle pour la répression des délits ou des crimes.

Inconvénients et abus en matière pénale.

Quand on n'aurait à signaler que ce fait que, malgré l'esprit de justice dont sont animés les Gouvernements Européens, la peine appliquée en Europe, dans la patrie du coupable, loin de ceux qui ont été témoins ou victimes des délits et des crimes, n'est jamais exemplaire, ce fait ne suffirait-il pas pour la condamnation d'un état de choses qui n'est pas l'exécution des Capitulations et qui pour subsister ne peut invoquer qu'une tolérance d'usage ?

La Commission française de 1867, qui a défendu contre Nubar-Pacha, jusqu'aux limites les plus étendues, la juridiction des Consulats, n'a pu s'empêcher de se faire, sous une forme réservée, l'écho des inconvénients que l'observation découvre.

Page 16 : « Il est impossible de ne pas reconnaître que la situation exceptionnelle où se trouvent l'Egypte et les pays du Levant et de Barbarie permet d'y constater des faits regrettables . . . . . Des circonstances exceptionnelles et transitoires ont amené en Egypte une population étrangère dont le séjour accidentel n'a pu servir de base aux relations durables d'Etat à Etat, et dans les faits fâcheux, inévitables, de pareilles agglomérations d'individus, les victimes sont très-rarement des indigènes. »

Bien avant que l'Egypte eût demandé à l'Europe d'accepter le projet de réforme, les institutions judiciaires de ce pays étaient appréciées comme il convient par les puissances.

Opinion de l'Europe sur les institutions judiciaires de l'Egypte.

Au Congrès qui suivit la guerre de Crimée, en 1856, lorsque les plénipotentiaires eurent convié la Turquie à entrer par des réformes dans le concert Européen, « *Aali-Pacha attribua toutes les difficultés qui entravaient les relations commerciales* de la Turquie et l'action du Gouvernement Ottoman à des *stipulations qui avaient fait leur temps.* Il entra dans des détails tendant à établir que les priviléges *acquis par les Capitulations aux Européens nuisaient à leur propre sécurité et au développement de leurs transactions,* en limitant l'intervention de l'administration locale ; *que la juridiction dont les agents étrangers couvraient leurs nationaux constituait une multiplicité de gouvernements dans le gouvernement,* et par conséquent, un obstacle infranchissable à toutes les améliorations. »

M. le baron de Bourqueney (France) et les autres plénipotentiaires avec lui, reconnurent que les CAPITULATIONS RÉPONDAIENT A UNE SITUATION A LAQUELLE le *traité de paix*

TENDRAIT NÉCESSAIREMENT A METTRE FIN, et que les privi-léges qu'elles stipulent pour les personnes *circonscrivaient l'autorité de la Porte dans des limites regrettables ;* qu'il y avait lieu d'aviser à des tempéraments propres à tout concilier, mais qu'il n'était pas moins important de les proportionner aux réformes que la Turquie introduisait dans son administration, de manière à combiner les garanties nécessaires aux étrangers, avec celles qui naîtraient des mesures dont la Porte poursuivait l'application.

« Ces explications échangées, *MM. les Plénipotentiaires reconnurent unanimement la nécessité de réviser les stipulations qui fixaient les rapports commerciaux de la Porte avec les autres puissances*, ainsi que les conditions des étrangers résidant en Turquie, et ils décidèrent de consigner au protocole le vœu qu'une délibération fût ouverte à Constantinople, après la conclusion de la paix, entre la Porte et les représentants des autres puissances contractantes pour atteindre ce double but, *dans une mesure propre à donner une entière satisfaction à tous les intérêts légitimes.* »

Depuis on peut signaler les mêmes appréciations dans deux documents, dont le premier, l'avis de la Commission internationale de 1870, se range du côté du projet de réforme, et dont le second, l'avis donné dans ces temps derniers par la Cour d'Aix, est l'argument le plus considérable des adversaires du projet de loi.

Voici, en effet, quelles sont les premières lignes du

rapport de la Commission internationale : « Les imperfections que le Gouvernement impute au système de juridiction existant en Egypte sont évidentes par elles-mêmes. »

Que l'on se reporte aux lignes suivantes de l'avis de la Cour d'Aix... S'il faut maintenir le *statu quo* : « s'il faut repousser la réforme, c'est qu'elle ne ferait point disparaître LES INCONVÉNIENTS DE L'ÉTAT ACTUEL. »

En 1867, il y avait donc une force d'opinion et un devoir social qui conviaient l'Egypte à soumettre à l'Europe un projet de réforme.

Si l'on suit d'une manière attentive et impartiale les négociations qui se sont déroulées depuis l'ouverture de 1867 jusqu'à la signature de la convention, le 15 novembre 1874, on juge à sa valeur l'attitude prise par le Gouvernement du Khédive.

Les parties, une fois d'accord sur l'étendue du mal, lorsqu'il a été bien établi pour toutes les Commissions que les pratiques actuelles amenaient avec elles des inconvénients sans nombre et que le seul remède à opposer aux abus qui découlaient de ces dix-sept législations différentes, était l'unité de législation appliquée par un tribunal unique, l'Egypte n'a fait autre chose qu'inviter l'Europe à l'aider dans cette œuvre de réorganisation ; elle s'est déclarée prête à faire toutes les concessions ; loin de maintenir les idées premières, qui avaient servi de base à la rédaction de son projet, elle les a abandonnées dès que la discussion en a démontré la faiblesse.

On a pu dire de Nubar-Pacha qu'il avait tenu compte de la gravité des intérêts engagés et des scrupules des négociateurs, non moins que du droit de son pays à une justice territoriale, non moins que de la dignité de son souverain.

Si les conclusions auxquelles était arrivée la Commission Française de 1867 eussent permis d'atteindre le but que l'on avait en vue, nul doute que le bon vouloir du Khédive n'eût converti ces conclusions en projet de loi.

L'Egypte ne pouvait accepter les conclusions de la Commission Française de 1867.

Mais dans l'esprit des membres de la Commission de 1867, deux idées étaient saillantes, dont le parallélisme rendait toute rencontre impossible. On aurait signalé, au besoin, le mal, mais on se défiait par trop du remède. On était bien obligé de ne pas contester trop haut que la situation judiciaire de l'Egypte était faite de désordres intolérables ; mais une prudence exagérée ne permettait pas de suivre l'Egypte dans la voie qu'elle montrait, et bien que le terrain ne fût plus tenable, on restait sur place de peur de s'engager dans une mauvaise route.

Tandis que l'Egypte protestait contre un ensemble de coutumes qui n'arrivaient à rien moins qu'à abroger les Capitulations et demandait à mettre la législation du pays en rapport avec les législations européennes, en substituant aux tribunaux consulaires un tribunal unique où l'élément Européen serait en majorité, la Commission, reconnaissait à la coutume la même force qu'aux stipulations écrites des traités internationaux et cherchait une combinaison qui réunît dans l'avenir les pratiques du passé avec une organisation nouvelle.

La Commission de 1867, pour ne rien sacrifier de la juridiction civile des consuls sur leurs nationaux, arrivait à exiger que dans les différends entre Français et indigène ou étranger, le Français fût cité devant son juge consulaire et réciproquement.

Le tribunal mixte, pour la Commission, n'était pas un tribunal international ; malgré sa composition, en majorité européenne, il n'aurait eu compétence que pour les procès entre étranger demandeur et indigène défendeur.

Enfin, malgré les critiques qui s'étaient attachées à la pratique suivie dans les contestations entre étrangers de nationalités différentes, c'était cette pratique même dont la Commission voulait maintenir le fonctionnement.

La Commission aurait bien consenti à laisser tomber en désuétude les prohibitions de l'édit de 1778 ; mais, pour que le Français pût venir débattre son droit contre l'étranger devant le tribunal mixte, il aurait fallu qu'il y eût entre lui et cet étranger ou bien une clause compromissoire avant le procès ou bien un accord réciproque intervenu pendant le procès.

N'est-ce pas que si l'on se défiait, c'était aller trop loin, et que si l'on avait confiance, c'était s'arrêter à la lisière du chemin ?

L'Egypte dut continuer ses négociations vis-à-vis de l'Europe ; et pourtant, même à la dernière heure, lorsqu'elle avait déjà pour elle l'assentiment de toutes les puissances Européennes et des Etats-Unis, elle n'oubliait pas que c'était l'approbation de la France qu'elle avait d'abord cherché à obtenir dès la première heure et, sur l'initiative de la France, elle renonçait à son projet de réforme en matière pénale ; elle réservait les questions de statut personnel dans leur plénitude à la juridiction propre de celui qu'elle concernait ; enfin, elle acceptait que les tribunaux mixtes fussent incompétents pour statuer sur les faits caractéristiques de la banqueroute frauduleuse après la déclaration de faillite.

La meilleure manière de résumer l'organisation judiciaire que l'on veut établir en Egypte est encore de transcrire l'exposé des motifs du Ministère des Affaires étrangères :

Analyse du projet de loi.

« Il y aura trois Tribunaux de première instance, à Alexandrie, au Caire et à Zagazig, et une Cour d'Appel à Alexandrie. Chaque Tribunal sera composé de sept juges, quatre étrangers et trois indigènes ; la Cour sera composée de onze magistrats, quatre indigènes et sept étrangers. La présidence appartiendra de droit à un magistrat étranger ; en outre, on établira un roulement qui facilitera autant que possible, dans chaque Chambre devant laquelle sera appelé un procès mixte, la présence d'un magistrat appartenant à la nationalité de l'étranger en cause Les magistrats étrangers ne seront choisis qu'avec le concours de leurs gouvernements respectifs. La part assurée à la France comprend un Conseiller à la Cour d'Appel, un juge au Tribunal du Caire et un membre du parquet ; dans le cas où une seconde Chambre serait créée dans l'un des Tribunaux du Caire ou de Zagazig, un autre membre du ministère public serait choisi parmi les magistrats français. La compétence de la nouvelle juridiction s'étendra aux contestations mixtes en matière civile ou commerciale, sauf les questions intéressant le statut personnel des étrangers. A cette juridiction appartiendra également la connaissance de tout litige en matière immobilière, même entre étrangers seuls. En matière pénale, la compétence ne comprend que les contraventions de simple police ; le juge de ces contraventions, si elles sont à la charge d'un étranger, ne pourra être qu'un magistrat étranger : exceptionnellement, les nouveaux Tribunaux peuvent connaître des crimes ou délits commis par ou contre leurs membres dans l'exercice de leurs fonctions ou à l'occasion de l'exécution de leurs sentences. Dans ces cas spéciaux la Chambre du Conseil et le Tribunal Correctionnel sont composés de trois juges, dont deux étrangers et un indigène, et de quatre assesseurs étrangers, dont deux de la nationalité du prévenu. A la Cour d'Assises siégeront trois Conseillers, deux étrangers et un indigène ; les douze jurés seront étrangers, dont moitié de la nationalité de l'inculpé ou de la nationalité que celui-ci désignera. En cas de doute sur la compétence respective de la juridiction mixte et de la juridiction consulaire, le conflit sera déféré à une commission arbitrale composée de deux magistrats désignés par le président de la Cour d'Appel et de deux Conseillers choisis par le consul intéressé. »

Ce n'est pas se réfuter soi-même que de reconnaître sans difficulté que l'expérience seule, un essai de cinq années, déterminera avec certitude si la réforme judiciaire d'Egypte est de force à assurer l'ordre public, la sécurité des biens et des personnes.

Si une puissance autre que l'Egypte soumettait à la diplomatie une convention internationale semblable au projet de loi qui va être discuté devant l'Assemblée française, ne trouverait-on pas que les stipulations proposées ont essayé de tout prévoir, que c'est de bonne foi que l'offre est faite et qu'à moins de vouloir reculer sans mesure devant les inconnus de l'avenir, on ne peut dénier aux garanties données un caractère sérieux et une apparence d'efficacité ?

Pour gage de la bonne foi de l'Egypte, sans faire valoir l'intérêt supérieur qu'a le Khédive à conduire de plus en plus son pays dans les voies de la civilisation, sans se retrancher derrière cette confiance que l'Europe ne refuse plus, qu'elle accorde au Gouvernement égyptien, n'y a-t-il pas plus qu'une promesse dans la marche progressive qu'ont suivie les négociations ?

Depuis que l'Egypte a convié l'Europe à la prendre par la main pour la mettre au rang des nations civilisées, elle a, d'elle-même, laissé la porte grande ouverte à toutes les améliorations qu'on lui signalait ; et quand ses idées propres sont venues se heurter contre les idées opposées des puissances Européennes, les idées des puissances Européennes sont devenues les siennes.

Que l'on compare plutôt le texte de la Convention que l'Egypte essayait de faire accepter en 1867 et le texte de la Convention du 15 novembre 1874.

Comparaison du projet de loi actuel et des propositions Egyptiennes de 1867.

Le projet actuel diffère sur plus d'un point des proposions Egyptiennes de 1867 (1) qui voulaient circonscrire beaucoup moins l'action locale, qui embrassaient un plus vaste objet, et qui, si l'on allait au fond des choses, se proposaient de substituer presque complètement un système de juridiction territoriale à la juridiction consulaire.

La Convention du 15 novembre 1874, au contraire, respecte la juridiction consulaire sur tous les points essentiels que les Capitulations ont prévus. Si, dans certains cas, le tribunal mixte, c'est-à-dire international, remplace le tribunal consulaire, c'est que, comme il est aisé de le constater, le litige revêt un caractère à coup sûr international. Cette substitution elle-même, que la matière semble appeler, ne s'effectue qu'avec un ensemble de précautions et de garanties que l'on n'aurait pas insérées dans le traité, si l'on ne s'était décidé d'avance à les faire respecter.

Que l'on examine en même temps le premier projet de 1867 et le projet définitif de 1874. On découvrira sans peine les concessions que l'Egypte a faites à l'opinion de l'Europe, soit pour la nomination et la composition des Tribunaux, soit pour le droit de défense, soit pour l'exécution des jugements.

Nominations des Magistrats. — L'article 8 du projet de 1867 se bornait à dire : « Le gouvernement choisira les juges parmi les magistrats qui ont exercé dans les cours ou tribunaux d'Europe. »

---

(1) Voir pièces justificatives A et E.

Les commissaires Français ayant réclamé contre le laconisme de cette disposition, qui autorisait plus d'une inquiétude, il a été tenu compte de l'observation et l'article 5 du projet de loi actuel est ainsi conçu :

« La nomination et le choix des juges appartiendront au gouvernement Egyptien; mais pour être assuré lui-même sur les garanties que présenteront les personnes dont il fera choix, il *s'adressera officieusement aux Ministres de la Justice à l'étranger*, et n'engagera que les personnes munies de l'acquiescement et de l'autorisation de leur gouvernement. »

Composition et présidence des Tribunaux mixtes. — De même, pour la composition et la présidence des tribunaux mixtes, les Commissaires français avaient demandé que le nombre des magistrats de première instance et d'appel, qui n'était pas fixé dans le projet de loi de 1867, fût porté, pour les juges de 1re instance, à cinq, dont trois Européens et deux indigènes, et pour les membres de la Cour à sept, dont quatre Européens et trois indigènes, et que la présidence du tribunal et de la Cour, que le projet de loi attribuait à un magistrat egyptien fût déférée à un magistrat européen.

Le projet de loi actuel a tenu compte de cette demande.

Art. 2 : « Chacun de ces Tribunaux : Alexandrie, Le Caire et Zagazig, sera composé de sept juges, quatre étrangers et trois indigènes ; l'un des juges étrangers présidera avec le titre de vice-président et, sera désigné par la majorité absolue des membres étrangers et indigènes du Tribunal.

Art. 3 : « Il y aura à Alexandrie une Cour d'appel composée de onze magistrats, quatre indigènes et sept étrangers ; l'un des magistrats étrangers présidera sous le titre de vice-président et sera désigné de la même manière que les vice-présidents des Tribunaux. Les arrêts de la Cour d'appel seront rendus par huit magistrats, dont cinq étrangers et trois indigènes. »

Inamovibilité. — En 1867, on s'était préoccupé de la rédaction trop vague de l'article 23 : « Les magistrats seront inamovibles pendant la durée de leurs fonctions. »

L'article 19 du projet de loi actuel apporte au texte la précision qui lui manquait : « Les magistrats qui composent la Cour d'appel et les Tribunaux seront inamovibles.

« L'inamovibilité ne subsistera que pendant la période quinquennalle. Elle ne sera définitivement admise qu'après ce délai d'épreuve. »

Législation. — En 1867, le projet égyptien se taisait sur la législation qui serait appliquée par les tribunaux mixtes.

Les Commissaires Français avaient le droit de réclamer, comme une garantie nécessaire, l'adoption d'une législation uniforme en matière civile et commerciale.

Aujourd'hui, le projet de loi, tel qu'il est conçu, permet à notre Ministre des Affaires étrangères d'écrire dans son rapport :

« Que si l'on considère que les Codes rédigés pour servir de règle de conduite exclusive aux nouveaux Tribunaux sont presque littéralement calqués sur la législation française, on se fera une idée plus exacte de la portée effective de la réforme actuelle que si l'on se borne aux souvenirs d'institutions purement locales dont l'insuffisance a été reconnue par tout le monde. »

Rien n'est plus formel, en effet, rien n'est plus clair que les articles 34 et 35 du projet de loi actuel :

« Les nouveaux Tribunaux, dans l'exercice de leur juridiction en matière civile et commerciale et dans la limite de celle qui leur est consentie en matière pénale, appliqueront les Codes présentés par l'Egypte aux puissances et, en cas de silence, d'insuffisance ou d'obscurité de la loi, le juge se conformera aux principes du droit naturel et aux règles de l'équité. » — « Le Gouvernement fera publier, un mois avant le fonctionnement des nouveaux Tribunaux, les Codes, dont un exemplaire en chacune des langues judiciaires sera déposé jusqu'à son fonctionnement dans chaque Mudirieh, auprès de chaque consulat et aux greffes de la Cour d'appel et des Tribunaux, qui en conserveront toujours un exemplaire. »

Depuis le dépôt du projet de loi, on a appris que dix Codes spéciaux, embrassant toutes les matières de la législation civile, commerciale et criminelle, ont été élaborés par les ordres du Vice-Roi et promulgués en Egypte. Ils sont presque entièrement calqués sur les Codes français et ont été approuvés par les gouvernements intéressés. Le Gouvernement Français, pour sa part, a fait, sur la rédaction de certains articles, des observations dont il a été tenu compte.

Récusation. — En outre, le droit de récusation, sur lequel se taisait le projet de 1867, et dont les Commissaires Français réclamaient l'introduction dans la loi, a été consacré par l'article 30 du projet de loi actuel :

« Le droit de récusation péremptoire des magistrats, des interprètes et des traductions écrites sera réservé pour toutes les parties. »

Exécution. — En dernier lieu, il était à regretter que sur un point qui touche aux Capitulations, l'exécution du jugement dans le domicile du plaideur européen condamné, le projet de 1867 n'eût stipulé aucune garantie.

Les Commissaires Français faisaient leur devoir, en demandant que l'exécution des sentences fût assurée par l'action commune des autorités locales et des Consuls.

L'article 18 du projet de loi actuel a donné toute satisfaction à la légitimité de ces réclamations :

« L'exécution des jugements aura lieu en dehors de toute action administrative, consulaire ou autre et sur l'ordre du Tribunal. Seulement, l'Officier de justice chargé de l'exécution par le Tribunal est obligé d'avertir les Consulats du jour et de l'heure, et ce, à peine de nullité et de dommages-intérêts contre lui. Le Consul ainsi averti a la faculté de se trouver présent à l'exécution, mais en cas d'absence, il sera passé outre à l'exécution. «

On peut encore relever en faveur de l'Egypte l'article 11 du projet de loi : « Ces tribunaux (les tribunaux mixtes), sans pouvoir statuer sur la propriété du domaine public, ni interpréter ou arrêter l'exécution d'une mesure administrative, pourront juger, dans les cas prévus par le Code civil les atteintes portées à un droit acquis d'un étranger, par un acte d'administration. » On n'a pas à rappeler avec quelle rigueur il est interdit en France aux tribunaux civils d'empiéter sur la juridiction des tribunaux administratifs. L'article 11 du projet de loi est un premier pas fait par l'Egypte vers la protection absolue des intérêts privés.

Le bon vouloir de l'Egypte s'est manifesté plus encore dans les choses qu'elle a abandonnées que dans les choses qu'elle a concédées.

Pour s'en convaincre, il suffit de faire subir au projet de loi de 1875 une nouvelle comparaison avec le projet de loi de 1867, sur les trois points suivants :

1° Les actions réelles et immobilières considérées en elles-mêmes ;

2° Les actions réelles et immobilières relatives aux wakfs qui dépendent de l'administration des wakfs ;

3° La réforme pénale.

I. Actions réelles et immobilières considérées en elles-mêmes. — Le Gouvernement Egyptien avait toujours soutenu, non sans raison, que les actions réelles et immobilières auraient dû être, quelle que fût la qualité des parties, jugées par la juridiction locale, parce qu'elles touchent à la souveraineté territoriale.

La pratique qui porte devant la juridiction consulaire les contestations relatives à ces objets et pendantes entre étrangers de même nationalité, entre étrangers de nationalités différentes et entre indigène et étranger, lorsque ce dernier est défendeur, n'avait jamais été acceptée sans protestations fondées.

Au début des négociations lorsque quelques-uns des Commissaires Européens auraient voulu maintenir aux Consulats la juridiction consulaire sur les étrangers de nationalités différentes, le Gouvernement Egyptien, pour obtenir que dans cette matière le Tribunal mixte eût compétence, se déclara prêt à abandonner l'interprétation qu'il avait toujours soutenue pour les actions réelles et immobilières et à reconnaître pour ces litiges la compétence de la juridiction internationale.

L'article 9 du projet de loi a consacré ces intentions et cet abandon du Gouvernement Egyptien dans les termes suivants :

« Les Tribunaux mixtes connaîtront de toutes les actions réelles et immobilières entre toutes personnes, même appartenant à la même nationalité. »

II. Actions réelles et immobilières relatives aux wakfs qui dépendent de l'administration des wakfs. — Une prudence naturelle voulait que la réforme judiciaire ménageât absolument toutes les questions qui touchent aux sentiments religieux de la population indigène.

On n'ignore pas ce que sont les wakfs pour les sectateurs du Coran.

Le Gouvernement s'était borné à inscrire dans l'article 12 du projet de 1867 :

« Les Tribunaux mixtes ne pourront juger les actions réelles et immobilières relatives aux wakfs, qui dépendent de l'administration des wakfs. »

Les Commissaires Européens (1870), n'ayant pu accepter, à aucun titre, une disposition de loi dont l'exécution littérale pouvait amener les plus graves inconvénients, le représentant du Gouvernement Italien, M. Giaccone, reçu par Son Altesse, se fit un devoir de lui expliquer que, pour garantir la possession des Européens, il était nécessaire de procéder avec moins de ménagements vis-à-vis de certains scrupules religieux ; qu'il fallait, à tout prix, soumettre aux nouveaux Tribunaux toutes les questions au possessoire ; que c'est ainsi que lorsque entre un Européen et le ministère des wakfs on serait en contestation sur la possession d'un immeuble, le nouveau Tribunal devrait seul déterminer laquelle des deux parties serait considérée comme étant en possession. Une fois le droit à la possession réglé, ce serait à celui qui n'aurait pas la possession à attaquer son adversaire en justice pour revendiquer au pétitoire la propriété de l'immeuble. Si l'Européen était reconnu avoir la possession légitime, le jugement sur la question de propriété tomberait aussi sous la compétence du nouveau Tribunal ; si, au contraire, le possesseur légitime était le ministère des wakfs, ce serait devant le Tribunal du mekhemeh que l'Européen aurait à débattre son droit à la propriété de ce même immeuble contre le ministère des wakfs.

On croirait entendre les réclamations de M. Giaccone lorsqu'on lit l'article 12 du projet de loi de 1874 :

« Ne sont pas soumises aux Tribunaux mixtes les demandes des étrangers contre un établissement pieux en revendication de la propriété d'immeubles possédés par cet établissement ; mais ils seront compétents pour statuer sur la demande intentée sur la question de possession légale, quel que soit le demandeur ou le défendeur. »

III. Réforme pénale. — S'il est une concession qui ait dû être pénible au Gouvernement Egyptien, c'est à coup sûr la renonciation au projet de réforme pénale.

Un gouvernement, quel qu'il soit, n'existe qu'à la condition de garantir l'ordre public, et sans la punition des délits ou des crimes, l'ordre public est toujours en péril.

Les Commissaires Italiens (1870), en proclamant bien haut que la vie est plus précieuse que l'argent, avaient invité le Gouvernement Egyptien à compléter la réorganisation de la justice civile et commerciale par la réorganisation de la justice criminelle.

Les représentants de l'Allemagne, de l'Autriche, de l'Angleterre, avaient partagé les idées des Commissaires Italiens.

Le Code pénal que les juridictions européennes appliquent en Egypte a contre lui, outre le caractère de la peine, qui n'est jamais exemplaire, de ne procéder qu'au moyen d'une instruction écrite, tandis que les idées modernes n'admettent comme vérité juridique que celle qui jaillit dans les débats criminels du choc des dépositions orales.

Le Khédive, pourquoi le nier ? avait, dans son projet, réuni toutes les garanties que réclament les droits de l'instruction, les droits de la défense, les droits de la vérité et de la justice. . . .

Il a suffi que la France ait fait valoir que la réforme pénale sapait par la base l'édifice des Capitulations pour que l'Egypte se soit résignée à un sacrifice dont il faut lui tenir compte.

Les délits et les crimes commis par l'Européen continueront donc à être jugés suivant les errements du passé.

En matière de contravention, il n'y avait pas de raison pour interdire au Tribunal mixte, composé d'un magistrat européen, de devenir compétent quand un Européen serait en cause ; mais en matière pénale proprement dite, les pratiques anciennes ont été maintenues, et si quelques exceptions ont été admises, ces exceptions sont réglées à l'avance par une énonciation limitative qui permet aux esprits européens, même les plus soupçonneux, de les accepter.

Les Capitulations et la réforme judiciaire.

Cette renonciation de l'Egypte, en matière pénale, donne la mesure de l'attitude que la réforme judiciaire entend garder en face des Capitulations.

Quelque prévention que l'on apporte, la seule lecture du projet de loi suffit pour démontrer que les Capitulations, ces vieilles assises du droit public et des intérêts Européens dans le Levant, restent debout et que nul ne songe à les ébranler.

Si la lettre des Capitulations, qui ne veut pas que l'Européen se présente en justice sans être assisté du drogman-interprète, cesse d'être observée, il ne faut pas perdre de vue que le Tribunal devant lequel l'Européen sera cité, est composé en majeure partie de juges Européens. La garantie du présent nous paraît valoir la garantie du passé.

D'après les Capitulations, il est vrai, le domicile de l'Européen était inviolable. Avec le projet de réforme judiciaire, on pourra y pénétrer par la force, si l'Européen n'exécute pas le jugement qui le condamne. Mais le droit à l'exécution est une conséquence nécessaire du droit à la justice. Qui pénètrera d'ailleurs dans cette demeure ? N'est-ce pas la loi ? Et encore elle devra avoir à côté d'elle, comme garantie, la présence de l'autorité consulaire ?

Conclusion

A étudier, à juger la réforme judiciaire avec impartialité, on a peine à se figurer les résistances qu'elle a rencontrées.

On comprend à merveille le revirement d'opinion qui, ces temps derniers, s'est produit en sa faveur en Egypte et dans les principaux centres Européens. Si les signatures que les partisans ou les adversaires du projet de loi revendiquent étaient réunies au point de vue des intérêts qu'elles représentent, on verrait bien de quel côté l'appréciation doit se porter.

La nouvelle organisation judiciaire acceptée par la confiance de l'Europe est sous la garantie de la puissance de l'Europe; si les choses tournaient à mal, même pendant cet essai provisoire de cinq ans, il n'y a pas de convention qui pourrait tenir contre la civilisation, contre la violation du droit des gens.

Mais pourquoi assombrir l'horizon ? Pourquoi encourager les défiances ?

Plus le Khédive jouit d'une autorité sans limite, plus il tiendra à attacher son nom à l'œuvre de progrès qu'il a entreprise.

Les tribunaux mixtes qui vont fonctionner seront Egyptiens, parce qu'il recevront du vice-roi l'investiture ; mais il seront Européens, parce que l'Europe les aura fait nommer. Dispenser la justice avec indépendance, avec dignité, ce sera servir la cause de l'Europe, mais ce sera servir aussi la cause de l'Egypte.

Le vice-roi actuel ne serait-il pas tel qu'il s'est révélé, non, s'agirait-il de sa propre cause, il laisserait toute leur liberté aux juges internationaux. Il y a encore des procès qu'un souverain même tout-puissant doit savoir perdre, pour gagner le grand procès de sa mémoire devant la postérité.

Convaincu, comme nous le sommes, que l'intérêt de

notre pays est d'accepter la réforme judiciaire, que l'Europe et les Etats-Unis ont déjà acceptée, nous ne voulons pas nous demander ce qu'il adviendrait de notre situation en Egypte, si l'Assemblée Nationale repoussait le projet de loi.

Les juridictions consulaires étrangères nous seraient alors fermées si nous étions demandeurs.

Des interdictions pareilles à celles que vient de porter le Consulat Général Britannique ne permettraient ni aux indigènes, ni aux étrangers, de nous citer, quand nous serions défendeurs, devant le Consulat de France.

Quand il s'agirait de réclamations à faire valoir contre les administrations et contre le Khédive, on devine bien quel accueil attendrait nos représentants diplomatiques.

Toute justice ne serait-elle pas refusée aux résidents Français, tout au moins l'isolement pèserait, et d'un poids immense, sur leurs rapports civils et commerciaux.

Pour laisser le dernier mot à un homme qui aime la France avec patriotisme et l'Egypte avec reconnaissance, M. Ferdinand de Lesseps :

« Si la réforme judiciaire ne s'accomplissait pas avec nous, elle s'accomplirait contre nous. »

ERRATUM

Pages 34 et 35 : au lieu de Copenhague, *lisez* Stockholm.

PIÈCES JUSTIFICATIVES

PIÈCE JUSTIFICATIVE A

PROJET DE LOI.

Article unique

Le Gouvernement est autorisé à restreindre provisoirement, dans les limites et sous les conditions déterminées par les deux documents ci-annexés, et pour une période qui ne pourra excéder cinq ans, la juridiction exercée par les consuls français en Egypte.

Procès-verbal.

Le dix novembre mil huit cent soixante-quatorze, Son Excellence Chérif-Pacha, ministre de la justice de Son Altesse le Khédive, et M. le marquis de Cazaux, agent et consul général de France, agissant par ordre et d'après les instructions de leurs Gouvernements respectifs, ayant eu une dernière conférence pour arriver à une entente définitive sur les conditions auxquelles le Gouvernement français adhérerait à la réforme judiciaire en Egypte, sont convenus de ce qui suit :

1° Les accusations de banqueroute frauduleuse dont il s'agit à l'article 8, alinéa g, titre second du règlement organique, continueront comme par le passé à être de la compétence de la juridiction de l'inculpé ;

2° Pour le choix des juges de première instance, le Gouvernement égyptien s'adressera au ministre de la justice en France, dans la forme prévue pour la nomination des conseillers de la cour d'appel, et le magistrat ainsi désigné sera placé, de préférence, auprès du tribunal du Caire ;

3° Un des membres du ministère public sera choisi dans la magistrature française, et il est expressément entendu que si une seconde chambre était créée dans l'un des tribunaux du Caire ou de Zagazig, et si, par conséquent, le personnel du parquet venait à être augmenté, un autre membre du ministère public serait également choisi parmi les magistrats français ;

4° En ce qui touche la révision des codes égyptiens, l'agent et consul général de France adressera à Son Excellence Chérif Pacha, dans un délai de quinze jours, à partir du moment où le Cabinet français aura notifié son approbation au Gouvernement égyptien, une note qui signalera les points de détail à éclaircir dans la rédaction et l'économie de la nouvelle législation et qui proposera les modifications utiles pour en faire disparaître les contradictions ;

5° La réserve relative au statut personnel omise dans l'article 8 du règlement organique sera rétablie dans le texte de ce règlement ;

6° En ce qui touche la composition des chambres, le Gouvernement français ayant demandé que l'un des magistrats chargés de juger une affaire européenne fût autant que possible de la nationalité de la partie en cause, le Gouvernement égyptien s'est engagé à appeler sur ce point l'attention de la nouvelle magistrature chargée de régler seule l'organisation de son service. La même réponse a été faite au Gouvernement austro-hongrois qui avait exprimé le même désir ;

7° Les immunités, les priviléges, les prérogatives et les exemptions dont les consulats étrangers, ainsi que les fonctionnaires qui dépendent d'eux, jouissent actuellement, en vertu des usages diplomatiques et des traités en vigueur, restent maintenus dans leur intégrité; en conséquence, les agents et consuls-généraux, les consuls et vice-consuls, leurs familles et toutes les personnes attachées à leur service ne seront pas justiciables des nouveaux tribunaux et la nouvelle législation ne sera applicable ni à leurs personnes, ni à leurs maisons d'habitation. La même réserve est expressément stipulée en faveur des établissements catholiques, soit religieux, soit d'enseignement, placés sous le protectorat de la France ;

8° Il est entendu que les nouvelles lois et la nouvelle organisation judiciaire n'auront pas d'effet rétroactif, conformément au principe inscrit dans le code civil égyptien ;

9° Les réclamations déjà pendantes contre le Gouvernement égyptien seront soumises à une commission composée de trois magistrats de la cour d'appel, choisis d'accord par les deux Gouvernements. Cette commission décidera souverainement et sans appel ; elle établira elle-même les formes de la procédure à suivre ;

10° Ces mêmes réclamations pourront toutefois, si les intéressés le préfèrent, être portées devant une chambre spéciale en première instance, et une autre chambre spéciale en appel, composées de magistrats appartenant les uns aux tribunaux, les autres à la cour, et constituées conformément aux dispositions déjà convenues entre le Gouvernement égyptien, celui d'Autriche-Hongrie et quelques autres puissances. Ces deux Chambres, bien que jugeant d'après les règles de la procédure des nouveaux tribunaux, statueront au fond conformément aux lois et coutumes en vigueur au moment des faits qui auront motivé les réclamations ;

11° Les affaires qui concernent à la fois des réclamants appartenant à plusieurs nationalités seront jugées d'après celui de ces deux modes qui sera convenu entre leurs consuls généraux respectifs ;

12° Le règlement de ces affaires commencera avec l'installation des nouveaux tribunaux et continuera pendant leur fonctionnement. Les stipulations consignées dans le présent procès-verbal seront présentées dans le plus bref délai à la ratification des deux Gouvernements.

Signé : CHÉRIF, CAZAUX.

RÈGLEMENT

D'organisation judiciaire pour les procès mixtes en Egypte.

TITRE PREMIER

Juridiction en matière civile et commerciale

CHAPITRE PREMIER. — TRIBUNAUX DE PREMIÈRE INSTANCE ET COURS D'APPEL

§ I. — *Institution et composition.*

ARTICLE PREMIER.

Il sera institué trois tribunaux de première instance à Alexandrie, au Caire et à Zagazig.

ART. 2.

Chacun de ces tribunaux sera composé de sept juges : quatre étrangers et trois indigènes.

Les sentences seront rendues par cinq juges, dont trois étrangers et deux indigènes.

L'un des juges étrangers présidera avec le titre de vice-président et sera désigné par la majorité absolue des membres étrangers et indigènes du tribunal.

Dans les affaires commerciales, le tribunal s'adjoindra deux négociants, un indigène et un étranger, ayant voix délibérative et choisis par voie d'élection.

ART. 3.

Il y aura à Alexandrie une cour d'appel composée de onze magistrats, quatre indigènes et sept étrangers.

L'un des magistrats étrangers présidera sous le titre de vice-président et sera désigné de la même manière que les vice-présidents des tribunaux.

Les arrêts de la cour d'appel seront rendus par huit magistrats, dont cinq étrangers et trois indigènes.

ART. 4.

Le nombre des magistrats de la cour d'appel et des tribunaux pourra être augmenté si la cour en signale la nécessité pour le besoin du service, sans altérer la proportion fixée entre les juges indigènes et étrangers.

En attendant, dans le cas d'absence ou d'empêchement de plusieurs juges à la fois de la cour d'appel ou du même tribunal, le président de la cour pourra les faire suppléer, s'il s'agit de juges étrangers, par leurs collègues des autres tribunaux ou par les magistrats étrangers de la cour d'appel; lorsque l'un des magistrats de la cour sera ainsi délégué à intervenir aux audiences d'un des tribunaux, il en aura la présidence.

ART. 5.

La nomination et le choix des juges appartiendront au Gouvernement égyptien; mais pour être assuré lui-même sur les garanties que présenteront les personnes dont il fera choix, il s'adressera officieusement aux ministres de la justice à l'étranger et n'engagera que les personnes munies de l'acquiescement et de l'autorisation de leur Gouvernement.

ART. 6.

Il y aura dans la cour d'appel et dans chaque tribunal un greffier et plusieurs commis-greffiers assermentés, par lesquels il pourra se faire remplacer.

ART. 7.

Il y aura aussi près la cour d'appel et de chaque tribunal des interprètes assermentés en nombre suffisant, et le personnel d'huissiers nécessaires qui seront chargés du service de l'audience, de la signification des actes et de l'exécution des sentences.

Art. 8.

Les greffiers, huissiers et interprètes seront d'abord nommés par le Gouvernement, et, quant aux greffiers, ils seront choisis pour la première fois à l'étranger parmi les officiers ministériels qui exercent ou qui ont déjà exercé, ou parmi les hommes aptes à remplir les mêmes fonctions à l'étranger, et pourront être révoqués par le tribunal auquel ils seront attachés.

§ II. — *Compétence.*

Art. 9.

Ces tribunaux connaîtront seuls de toutes les contestations en matière civile et commerciale, entre indigènes et étrangers et entre étrangers de nationalités différentes, en dehors du statut personnel.

Ils connaîtront asusi de toutes les actions réelles immobilières entre toutes personnes, même appartenant à la même nationalité.

Art. 10.

Le Gouvernement, les administrations, les daïras de Son Altesse le Khédive et des membres de sa famille seront justiciables de ces tribunaux dans les procès avec les étrangers.

Art. 11.

Ces tribunaux, sans pouvoir statuer sur la propriété du domaine public ni interpréter ou arrêter l'exécution d'une mesure administrative, pourront juger, dans les cas prévus par le code civil, les atteintes portées à un droit acquis d'un étranger par un acte d'administration.

Art. 12.

Ne sont pas soumises à ces tribunaux les demandes des étrangers contre un établissement pieux en revendication de la propriété d'immeubles possédés par cet établissement, mais ils seront compétents pour statuer sur la demande intentée sur la question de possession légale, quel que soit le demandeur ou le défendeur.

ART. 13.

Le seul fait de la constitution d'une hypothèque en faveur d'un étranger sur les biens immeubles, quels que soient le possesseur et le propriétaire, rendra ces tribunaux compétents pour statuer sur la validité de l'hypothèque et sur toutes ses conséquences jusques et y compris la vente forcée de l'immeuble, ainsi que la distribution du prix.

ART. 14.

Les tribunaux délègueront un des magistrats qui, agissant en qualité de juge de paix, sera chargé de concilier les parties et de juger les affaires dont l'importance sera fixée par le code de procédure.

§ III. — *Audiences.*

ART. 15.

Les audiences seront publiques, sauf les cas où le tribunal, par une décision motivée, ordonnera l'huis-clos dans l'intérêt des bonnes mœurs ou de l'ordre public; la défense sera libre.

ART. 16.

Les langues judiciaires, employées devant le tribunal pour les plaidoiries et la rédaction des actes et sentences, seront les langues du pays, l'italien et le français.

ART. 17.

Les personnes ayant le diplôme d'avocat seront seules admises à représenter et défendre les parties devant la cour d'appel.

§ IV. — *Exécution des sentences.*

ART. 18.

L'exécution des jugements aura lieu en dehors de toute action administrative consulaire ou autre et sur l'ordre du tribunal. Elle sera effectuée par les huissiers du tribunal avec l'assistance des autorités locales, si cette assistance devient nécessaire, mais toujours en dehors de toute ingérence administrative.

Seulement, l'officier de justice chargé de l'exécution par le tribunal est obligé d'avertir les consulats du jour et de l'heure, et ce, à peine de nullité et de dommages-intérêts contre lui. Le consul, ainsi averti, a la faculté de se trouver présent à l'exécution, mais, en cas d'absence, il sera passé outre à l'exécution.

§ V. — *Inamovibilité des magistrats. — Avancement. — Incompatibilité. — Discipline.*

Art. 19.

Les magistrats qui composent la cour d'appel et les tribunaux seront inamovibles.

L'inamovibilité ne subsistera que pendant la période quinquennale. Elle ne sera définitivement admise qu'après ce délai d'épreuve.

Art. 20.

L'avancement des magistrats et leur passage d'un tribunal à un autre n'auront lieu que de leur consentement et sur le vote de la cour d'appel, qui prendra l'avis des tribunaux intéressés.

Art. 21

Les fonctions de magistrats, de greffiers, commis-greffiers, interprètes et huissiers seront incompatibles avec toutes autres fonctions salariées et avec la profession de négociant.

Art. 22.

Les magistrats ne seront point l'objet, de la part de l'administration égyptienne, de distinctions honorifiques ou matérielles.

Art. 23.

Tous les juges de la même catégorie recevront les mêmes appointements. L'acceptation d'une rémunération en dehors de ces appointements, d'une augmentation des appointements, des cadeaux de valeur ou d'autres avantages matériels entraîne, pour le juge, la déchéance de l'emploi et du traitement, sans aucun droit à une indemnité.

ART. 24.

La discipline des magistrats, des officiers de justice et des avocats est réservée à la cour d'appel. La peine disciplinaire applicable aux magistrats pour les faits qui compromettent leur honorabilité comme magistrat ou l'indépendance de leurs votes sera la révocation et la perte du traitement, sans aucun droit à une indemnité. La peine applicable aux avocats pour les faits qui compromettent leur honorabilité sera la radiation de la liste des avocats admis à plaider devant la cour, et le jugement devra être rendu par la cour en réunion générale à la majorité des trois quarts des conseillers présents.

ART. 25.

Toute plainte présentée au Gouvernement par un membre du corps consulaire contre les juges, pour cause disciplinaire, devra être déférée à la cour, qui sera tenue d'instruire l'affaire.

CHAPITRE II. — PARQUET.

ART. 26.

Il sera institué un parquet à la tête duquel sera un procureur général.

ART. 27.

Le procureur général aura sous sa direction, auprès de la cour d'appel et des tribunaux, des substituts en nombre suffisant pour le service des audiences et la police judiciaire.

ART. 28.

Le procureur général pourra siéger à toutes les chambres de la cour et des tribunaux, à toutes les cours criminelles et à toutes les assemblées générales de la cour et des tribunaux.

ART. 29.

Le procureur général et ses substituts seront amovibles, et ils seront nommés par Son Altesse le Khédive.

§ VI.— *Dispositions spéciales et transitoires.*

ART. 30.

Le droit de récusation péremptoire des magistrats, des interprètes et des traductions écrites sera réservé pour toutes les parties.

ART. 31.

Il y aura, dans chaque greffe des tribunaux de première instance, un employé du mehkémet qui assistera le greffier dans les actes translatifs de propriété immobilière et de constitution de droit de privilége immobilier et en dressera acte qu'il transmettra au mehkémet.

ART. 32.

Il y aura également auprès du mehkémet des commis délégués par le greffier du tribunal de première instance, qui devront lui transmettre pour être transcrits d'office au registre des hypothèques, les actes translatifs de propriété immobilière et de constitution de gage immobilier.

Ces transmissions seront faites sous peine de dommages-intérêts et de poursuite disciplinaire, et sans que l'omission entraîne nullité.

ART. 33.

Les conventions, donations et les actes de constitution d'hypothèques ou translatifs de propriété immobilière, reçus par le greffier du tribunal de première instance, auront la valeur d'actes authentiques, et leur original sera déposé dans les archives du greffe.

ART. 34.

Les nouveaux tribunaux, dans l'exercice de leur juridiction en matière civile et commerciale et dans la limite de celle qui leur est consentie en matière pénale, appliqueront les codes présentés par l'Egypte aux puissances, et, en cas de silence, d'insuffisance et d'obscurité de la loi, le juge se conformera aux principes du droit naturel et aux règles de l'équité.

ART. 35.

Le Gouvernement fera publier, un mois avant le fonctionnement des nouveaux tribunaux, les codes, dont un exemplaire en chacune des langues judiciaires sera déposé jusqu'à ce fonctionnement dans chaque Mudirieh, auprès de chaque consulat, et aux greffes de la cour d'appel et des tribunaux, qui en conserveront toujours un exemplaire.

ART. 36.

Il publiera également les lois relatives au statut personnel des indigènes, un tarif des frais de justice, les ordonnances sur le régime des terres, des digues et canaux.

ART. 37.

La Cour préparera le règlement général judiciaire en ce qui concerne la police de l'audience, la discipline des tribunaux, des officiers de justice, des avocats, et les devoirs des mandataires représentant les parties à l'audience, l'admission des personnes indigentes au bureau d'assistance judiciaire, l'exercice du droit de récusation péremptoire, et la manière de procéder en cas de partage des votes, pour les jugements de la cour d'appel.

Le projet de règlement ainsi préparé sera transmis aux tribunaux de première instance pour leurs observations, et après une nouvelle délibération de la cour qui sera définitive, rendu exécutoire par décret du ministre de la justice.

ART. 38.

Les tribunaux, en matière civile et commerciale, ne commenceront à connaître des causes mixtes qu'un mois après leur installation.

ART. 39.

Les causes déjà commencées devant les consulats étrangers, au moment de l'installation des tribunaux, seront jugées devant leur ancien forum jusqu'à leur solution définitive. Elles pourront, cependant, à la demande des parties et avec le consentement de tous les intéressés, être déférées aux nouveaux tribunaux.

ART. 40.

Les nouvelles lois et la nouvelle organisation judiciaire n'auront pas d'effet rétroactif.

TITRE II

Juridiction en matière pénale en ce qui concerne les inculpés étrangers.

CHAPITRE PREMIER. — TRIBUNAUX DES CONTRAVENTIONS, DE POLICE CORRECTIONNELLE ET COURS D'ASSISES.

§ 1er. — *Composition.*

ART. 1er.

Le juge des contraventions à la charge des étrangers sera un des membres étrangers du tribunal.

ART. 2.

La Chambre du conseil, aussi bien en matière de délits qu'en matière de crimes, sera composée de trois juges, dont un indigène et deux étrangers, et de quatre assesseurs étrangers.

ART. 3.

Le tribunal correctionnel aura la même composition.

ART. 4.

La cour d'assises sera composée de trois conseillers, dont un indigène et deux étrangers.

Les douze jurés seront étrangers.

Dans ces divers cas, la moitié des assesseurs et des jurés sera de la nationalité de l'inculpé, s'il le demande. Dans le cas où la liste des jurés ou des assesseurs de la nationalité de l'accusé serait insuffisante, il désignera la nationalité à laquelle ils devront appartenir pour compléter le nombre voulu.

Art. 5.

Lorsqu'il y aura plusieurs inculpés, chacun d'eux aura droit de demander un nombre égal d'assesseurs ou de jurés, sans que le nombre des assesseurs ou jurés puisse être augmenté, et sauf à déterminer, par la voie du sort, ceux des inculpés qui, à raison de ce nombre, ne pourront exercer leur droit.

§ 2. — *Compétence.*

Art. 6.

Seront soumises à la juridiction des tribunaux égyptiens les poursuites pour contravention de simple police, et, en outre, les accusations portées contre les auteurs et complices des crimes et délits suivants.

Art. 7.

Crimes et délits commis directement contre les magistrats, les jurés et les officiers de justice dans l'exercice ou à l'occasion de l'exercice de leurs fonctions.

Savoir :

(*a*) Outrages par gestes, paroles ou menaces ;

(*b*) Calomnies, injures, pourvu qu'elles aient été proférées, soit en présence du magistrat, du juré ou de l'officier de justice, soit dans l'enceinte du tribunal, ou publiées par voies d'affiches, d'écrits, d'imprimés, de gravures ou d'emblèmes ;

(*c*) Voies de fait contre leur personne, comprenant les coups, blessures et homicide volontaire avec ou sans préméditation ;

(*d*) Voies de fait exercées contre eux ou menaces à eux faites pour obtenir un acte injuste ou illégal ou l'abstention d'un acte juste ou légal ;

(*e*) Abus par un fonctionnaire public de son autorité contre eux dans le même but ;

(*f*) Tentative de corruption exercée directement contre eux ;

(*g*) Recommandation donnée à un juge par un fonctionnaire public en faveur d'une des parties.

Art. 8.

Crimes et délits commis directement contre l'exécution des sentences et des mandats de justice.

Savoir :

(*a*) Attaque ou résistance avec violence ou voies de fait contre les magistrats en fonctions, ou des officiers de justice instrumentant ou agissant légalement pour l'exécution des sentences ou mandats de justice, ou contre les dépositaires ou agents de la force publique, chargés de prêter main-forte à cette exécution ;

(*b*) Abus d'autorité de la part d'un fonctionnaire public pour empêcher l'exécution ;

(*c*) Vol de pièces judiciaires dans le même but ;

(*d*) Bris de scellés apposés par l'autorité judiciaire, détournement d'objets saisis en vertu d'une ordonnance ou d'un jugement ;

(*e*) Evasion de prisonniers détenus en vertu d'un mandat ou d'une sentence et actes qui ont directement procuré cette évasion ;

(*f*) Recel des prisonniers évadés dans le même cas.

Art. 9.

Les crimes et délits imputés aux juges, jurés et officiers de justice, quand ils seront accusés de les avoir commis dans l'exercice de leurs fonctions ou par suite d'un abus de ces fonctions.

Savoir :

Outre les crimes et délits communs qui pourront leur être imputés dans ces circonstances, les crimes et délits spéciaux sont :

(*a*) Sentence injuste rendue par faveur ou inimitié ;

(*b*) Corruption ;

(*c*) Non-révélation de la tentative de corruption ;

(*d*) Déni de justice ;

(*e*) Violences exercées contre les particuliers ;

(*f*) Violation du domicile sans les formalités légales ;
(*g*) Exactions ;
(*h*) Détournement de deniers publics ;
(*i*) Arrestation illégale ;
(*j*) Faux dans les sentences et actes.

ART. 10.

Dans les dispositions qui précèdent, sont compris sous la désignation d'officiers de justice, les greffiers, les commis-greffiers assermentés, les interprètes attachés au tribunal et les huissiers titulaires, mais non les personnes chargées accidentellement par délégation du tribunal d'une signification ou d'un acte d'huissier.

La dénomination de magistrats comprend les assesseurs.

CHAPIRE II. — DÉROGATION AU CODE D'INSTRUCTION CRIMINELLE DANS LE JUGEMENT DES CONTRAVENTIONS, DES CRIMES ET DÉLITS A LA CHARGE DES ÉTRANGERS.

§ 1er. — *Poursuite.*

ART. 11.

Lorsqu'un membre du corps consulaire dénoncera un fait délictueux à la charge d'un magistrat ou d'un officier de justice, le Gouvernement devra donner les ordres nécessaires au ministère public, qui sera tenu de suivre sur la dénonciation.

ART. 12.

Toutes les poursuites pour crimes et délits feront l'objet d'une instruction qui sera soumise à une chambre du conseil.

ART. 13.

Le consul de l'inculpé sera sans délai avisé de toute poursuite pour crime ou délit intentée contre son administré.

§ II. — *Instruction.*

ART. 14.

L'instruction, ainsi que les débats, auront lieu dans celle des langues judiciaires que connaîtrait l'inculpé.

ART. 15.

Toute instruction contre un étranger, ainsi que la direction des débats lors du jugement, appartiendront à un magistrat étranger, tant en matière de simple police qu'en matière criminelle ou correctionnelle.

ART. 16.

Si l'inculpé d'un crime ou d'un délit n'a pas de défenseur, il lui en sera désigné un d'office au moment de l'interrogatoire, à peine de nullité.

ART. 17.

Jusqu'à ce qu'il soit constaté qu'il existe en Egypte une installation suffisante des lieux de détention, les inculpés arrêtés préventivement seront livrés au consul immédiatement après l'interrogatoire, et dans les vingt-quatre heures de l'arrestation au plus tard, à moins que le consul n'ait autorisé la détention dans la prison du gouvernement.

ART. 18.

Le témoin qui refusera de répondre, soit au juge d'instruction, soit devant un tribunal du jugement, pourra être condamné à la peine de l'emprisonnement, qui variera d'une semaine à un mois, en matière de délit, et qui pourra être portée à trois mois en matière de crime, ou, en tout cas, à une amende de 100 à 4,000 piastres égyptiennes.

Ces peines seront prononcées, suivant les cas, par le tribunal ou la cour.

ART. 19.

Les seuls témoins qui pourront être récusés, sont les ascendants, les descendants et les frères et sœurs de l'inculpé ou ses alliés au même degré et son conjoint même divorcé, sans que l'audition des personnes ci-dessus entraîne nullité, lorsque ni le ministère public, ni la partie civile, ni l'inculpé ne les aura récusés.

ART. 20.

Lorsque, dans le cours d'une instruction, il y aura lieu de procéder à une visite domiciliaire, le consul de l'inculpé sera avisé.

Il sera dressé procès-verbal de l'avis donné au consul.

Copie de ce procès-verbal sera laissée au consulat au moment de l'interpellation.

ART. 21.

Hors le cas de flagrant délit ou d'appel de secours de l'intérieur, l'entrée du domicile pendant la nuit ne pourra avoir lieu qu'en présence du consul ou de son délégué, s'il ne l'a pas autorisée hors sa présence.

§ III. — *Règlement de la compétence dans les conflits de juridiction.*

ART. 22.

Trois jours avant la réunion de la chambre du conseil, la communication des pièces de l'instruction sera faite au greffe, au consul ou à son délégué.

Il devra, sous peine de nullité, être délivré au consul expédition des pièces dont il demandera copie.

ART. 23.

Si, sur la communication des pièces, le consul de l'inculpé prétend que l'affaire appartient à sa juridiction et qu'elle doit être déférée à son tribunal, la question de compétence, si elle est contestée par le tribunal égyptien, sera soumise à l'arbitrage d' un conseil composé de deux conseillers ou juges, désignés par le président de la cour, et de deux consuls choisis par le consul de l'inculpé.

ART. 24.

Lorsque le juge d'instruction et le consul instruiront en même temps sur le même fait, si l'un ou l'autre ne croit pas devoir se reconnaître incompétent,, le conseil des conflits devra être réuni pour régler le différend à la demande de l'un des deux.

Il est bien entendu que le conflit ne pourra jamais être soulevé par le juge d'instruction à l'occasion d'un crime ou d'un délit ordinaire ; de plus, le crime ou le délit qu'il prétendra avoir été commis devra être qualifié par le réquisitoire dont il aura été saisi, conformément aux catégories ci-dessus des faits attribués aux nouveaux tribunaux. Enfin, si le magistrat ou l'officier de justice offensé a porté sa plainte devant le tribunal consulaire, ce tribunal statuera sur la plainte sans qu'il y ait possibilité de conflit.

Art. 25.

Le tribunal qui, après que les formalités ci-dessus auront été remplies, restera saisi de l'affaire, statuera sur cette affaire, sans qu'il puisse y avoir lieu ultérieurement à déclaration d'incompétence.

§ IV. — *Débats devant la cour d'assises.*

Art. 26.

Devant la cour d'assises, quand les débats seront clos, et les questions à poser aux juges arrêtées, le président résumera l'affaire et les principales preuves pour ou contre l'accusé.

§ V. — *De l'appel et du pourvoi contre les jugement de condamnation.*

Art. 27.

Les appels, quand ils sont permis en matière de contravention contre les jugements du tribunal de simple police, seront portés devant le tribunal correctionnel.

Art. 28.

Les pourvois, dans le cas où ils sont autorisés par le code d'instruction criminelle, contre les jugements de condamnation en matière pénale, seront portés devant la cour, composée comme en matière civile.

Les conseillers ayant siégé dans la cour d'assises ne pourront connaître du pourvoi élevé contre l'arrêt de la cour.

§ VI. — *Établissement de la liste des jurés et choix des assesseurs.*

ART. 29.

La liste des jurés de nationalité étrangère sera dressée annuellement par le corps consulaire.

A cet effet, chaque consul adressera au doyen du corps consulaire la liste de ses nationaux, qui remplissent, d'après lui, les conditions voulues pour être jurés. Les jurés devront avoir l'âge de trente ans et une résidence en Egypte d'un an au moins.

ART. 30.

La liste définitive sera dressée par le corps consulaire sur les listes partielles en procédant par voie d'élimination, jusqu'à ce que le total des jurés atteigne et n'excède pas le nombre de deux cent cinquante.

ART. 31.

Chaque nationalité pourra avoir un maximum de trente jurés et un minimum de dix-huit jurés, pourvu que, dans ce dernier cas, la composition de la nationalité le permette.

ART. 32.

Les assesseurs correctionnels seront choisis par le corps consulaire sur la liste des jurés.

ART. 33.

Le minimum des assesseurs sera de six, et le maximum de douze par nationalité.

ART. 34.

Lorsqu'un délit correctionnel devra être jugé dans une ville où il ne se trouvera pas un nombre suffisant d'assesseurs étrangers, la cour désignera les assesseurs du tribunal voisin qui devront venir siéger.

Art. 35.

Les assesseurs et jurés qui ne comparaîtront pas pour remplir leurs fonctions seront condamnés par le tribunal ou la cour, suivant les cas, à une amende de 200 à 4,000 piastres égyptiennes, à moins d'excuse légitime.

§ VII.— *Exécution.*

Art. 36.

Jusqu'à ce qu'il soit constaté qu'une installation suffisante des lieux de détention existe réellement en Egypte, les condamnés à l'emprisonnement seront, si le consul le demande, détenus dans les prisons consulaires.

Art. 37.

Le consul dont l'administré subira sa peine dans les établissements du gouvernement égyptien aura le droit de visiter les lieux de détention et d'en vérifier l'état.

Art. 38.

En cas de condamnation à la peine capitale, MM. les représentants des puissances auront la faculté de réclamer leur administré.

A cet effet, un délai suffisant interviendra entre le prononcé et l'exécution de la sentence, pour donner aux représentants des puissances le temps de se prononcer.

TITRE III

§ Ier. — *Disposition spéciale.*

Art. 39.

Il sera établi près des nouveaux tribunaux un nombre suffisant d'agents choisis par les tribunaux eux-mêmes, pour pouvoir, quand il n'y aura pas péril en la demeure, assister au besoin les magistrats et les officiers de justice dans leurs fonctions.

§ II. —*Disposition finale.*

Art. 40.

Pendant la période quinquennale, aucun changement ne devra avoir lieu dans le système adopté.

Après cette période, si l'expérience n'a pas confirmé l'utilité pratique de la réforme judiciaire, il sera loisible aux puissances, soit de revenir à l'ancien ordre de choses, soit d'aviser, d'accord avec le gouvernement égyptien, à d'autres combinaisons.

PIÈCE JUSTIFICATIVE B

MINISTÈRE DES AFFAIRES ÉTRANGÈRES D'EGYPTE.

Circulaire n° 702.

Caire, le 14 *Octobre* 1875.

MONSIEUR LE CONSUL GENERAL,

Plusieurs des grandes puissances, ainsi qu'il est à votre connaissance, ont manifesté à S. A. le Khédive le désir, partagé d'ailleurs par toutes les autres, de voir le fonctionnement des nouveaux Tribunaux prorogé jusqu'au 1er janvier, afin de donner à l'Assemblée Française le temps de se prononcer sur le projet de loi relatif à la Réforme Judiciaire en Egypte.

Son Altesse, Monsieur le Consul Général, aurait, en tous cas, témoigné de Sa déférence pour les Hauts Gouvernements qui s'adressaient à Elle, quand bien même le désir exprimé par eux n'aurait pas coïncidé avec le Sien; car il lui aurait été pénible, surtout en présence de l'attitude bienveillante du Gouvernement Français, d'avoir à procéder à l'application de la Réforme, avant que l'Assemblée Française eût confirmé et rendu définitive, par son adhésion, celle du Gouvernement de la République.

Son Altesse attend avec confiance ce résultat, qui témoignera de la volonté la France de marcher en harmonie, avec tous, dans une voie où seront réunis et garantis tous les intérêts, et qui, par là-même, de l'aveu de toutes les puissances, doit nécessairement aboutir à donner la justice pour base aux relations de l'Europe avec l'Egypte.

En conséquence, Monsieur le Consul Général, Son Altesse, se conformant au désir exprimé par les grandes puissances, m'a autorisé à vous informer que la date du fonctionnement des nouveaux Tribunaux est reportée au 1er janvier 1876, époque à laquelle la Réforme Judiciaire aura définitivement son application, dans les termes convenus entre le gouvernement de S. M. et celui de S. A.

Veuillez agréer, Monsieur le Consul Général, l'expression de ma haute considération,

Le Ministre des Affaires Etrangères et du Commerce,

Signé : N. NUBAR.

PIÈCE JUSTIFICATIVE C

Mouvement Commercial entre la France et l'Égypte.

En 1874, il a été exporté de France pour l'Égypte des marchandises représentant, en valeur, 48 millions de francs. Les principales marchandises exportées appartiennent à l'industrie Marseillaise, soit : les outils et ouvrages en métaux, les vins, eaux-de-vie et liqueurs, le sucre raffiné, les bougies, les huiles, les savons, le plomb, les peaux, les conserves alimentaires, les parfumeries, etc., etc.

L'importation d'Égypte en France représente 60 millions. C'est donc, importation et exportation réunies, un chiffre d'affaires de 108 millions qui se fait presque entièrement par le port de Marseille.

Navigation entre Marseille et l'Égypte.

	NAVIRES	TONNAGE
ENTRÉE......	119	86.290
SORTIE.......	171	104.054
	290	190.344

PIÈCE JUSTIFICATIVE D

Statistique des Résidents Européens en Egypte d'après l'Almanach de Gotha : 79,696, à savoir :

Grecs	34.000
Français	17.000
Italiens	13.906
Autrichiens	6.300
Anglais	6.000
Allemands	1.100
Autres Nationalités	1.390

PIÈCE JUSTIFICATIVE E

Projet de réforme judiciaire présenté par S. E. Nubar-Pacha à la Commission internationale de 1870.

ART. 1er.

Il sera institué à Alexandrie, au Caire et à Zagazig, des tribunaux de première instance, composés d'un nombre de Juges pouvant suffire au jugement des procès nés entre Indigènes et Etrangers, et Etrangers de nationalité différente.

ART. 2.

Il sera institué à Alexandrie une Cour d'appel, à laquelle seront portés tous les appels des jugements rendus par les Tribunaux de première instance.

Composition.

ART. 3.

Les Tribunaux de première instance et la Cour d'appel seront composés de manière à ce que la majorité soit assurée aux magistrats Européens.

La présidence du Tribunal et de la Cour appartiendra à un magistrat Egyptien.

ART. 4.

Lorsque les Tribunaux de première instance jugeront des affaires commerciales, ils s'adjoindront deux négociants, l'un indigène, l'autre européen, ayant voix délibérative. Mais la Cour d'appel, même en matière commerciale, jugera sans négociants assesseurs.

ART. 5.

Les audiences seront publiques, et le local du Tribunal disposé de manière à en faciliter l'accès.

ART. 6.

Les parties auront pleine et entière faculté d'exposer leur défense, en toute libérté, par elles-mêmes ou par leurs avocats, et sans que la parole puisse leur être retirée, à moins d'attaque contre l'ordre public ou contre des tiers étrangers au procès.

ART. 7.

Le Gouvernement assurera aux Juges une rétribution honorable.

ART. 8.

Il les choisira parmi les magistrats qui exercent ou qui ont exercé dans les Cours et Tribunaux d'Europe.

ART. 9.

Il y aura un Greffier près de la Cour et près de chaque Tribunal, et plusieurs Commis-greffiers assermentés, par lesquels il pourra se faire remplacer.

ART. 10.

Il y aura également auprès de la Cour et de chaque Tribunal des Interprètes assermentés en nombre suffisant, et le personnel nécessaire d'Huissiers qui seront chargés du service de l'audience, de la signification des actes, et de l'exécution des sentences.

ART. 11.

Les Greffiers et les Huissiers seront choisis par le Gouvernement Égyptien en Europe, parmi les officiers ministériels qui exercent ou qui ont déjà exercé, ou parmi des personnes aptes à remplir les mêmes fonctions en Europe.

COMPÉTENCE.

Compétence civile et commerciale.

ART. 12.

Les Tribunaux de première instance et la Cour d'appel seront compétents pour juger toutes les contestations nées entre Indigènes et Européens ou Européens de nationalité différente.

Toutefois, ils ne pourront juger les demandes en partage de succession, ou celles concernant l'état des personnes.

Ils ne pourront non plus juger les actions réelles et immobilières relatives aux Wakfs, qui dépendent de l'administration des Wakfs.

ART. 13.

Ils connaîtront de toutes les constestations commerciales entre Indigènes, et de toutes les contetations civiles, que les parties exclusivement indigènes consentiront à leur soumettre.

Ils statueront également sur tous les procès regardant le Gouvernement, les Administrations et les Daïras du Vice-Roi et des Princes, même quand la partie adverse sera un Indigène.

Ils ne pourront, toutefois, statuer sur la propriété d'immeubles appartenant à l'Etat et servant à l'utilité générale, ni arrêter l'exécution d'une mesure administrative.

Ils devront seulement, dans ces derniers cas, juger les usurpations et les atteintes portées à la propriété privée et à la liberté person-

nelle, ou accorder les indemnités légitimement dues par suite de l'exécution d'un acte d'administration contraire à un droit acquis ou à un contrat consenti par le Gouvernement ou l'Administration publique.

ART. 14.

Les poursuites, soit civiles, soit correctionnelles ou criminelles, contre un fonctionnaire, à raison d'abus commis dans l'exercice de ses fonctions, seront de la compétence du Tribunal, et pourront être intentées, sans aucune autorisation administrative.

Compétence en matière de répression.

ART. 15.

Les contraventions seront jugées par les Tribunaux de première instance.

ART. 16.

En matière de délit, les peines seront prononcées par le même Tribunal, sur le verdict d'un jury, composé d'Européens et d'Indigènes en nombre égal.

ART. 17.

Les poursuites en matière de crimes seront portées devant une Cour d'assises, siégeant à Alexandrie et jugeant avec l'assistance d'un jury, mi-partie Européen et mi-partie Indigène.

ART. 18.

La Cour d'assises sera composée de trois Conseillers, appartenant à la Cour d'appel.

Compétence territoriale.

ART. 19.

La compétence territoriale des Tribunaux sera déterminée par le Gouvernement Egyptien, en tenant compte de la division administrative du pays et de l'intérêt des justiciables.

Premier et dernier ressort.

ART. 20.

Le Tribunal jugera en dernier ressort les affaires civiles et commerciales, quand la demande sera indéterminée ou ne dépassera pas P. E. 8,000.

ART. 21.

Il n'y aura pas lieu à appel contre les jugements et arrêts statuant en matière correctionnelle ou criminelle, avec l'assistance d'un jury.

ART. 22.

Les jugements, en matière de contravention, ne seront susceptibles d'appel que lorsqu'ils prononceront la peine de l'emprisonnement.

Inamovibilité. — Avancement. — Discipline. — Incompatibilité.

ART. 23.

Les magistrats seront inamovibles pendant la durée de leurs fonctions.

ART. 24.

Ils ne pourront recevoir aucun cadeau. Ils ne seront point l'objet de distinctions honorifiques, si ce n'est sur la présentation du Tribunal ou de la Cour.

ART. 25.

Les Juges et Conseillers deviendront Vice-Présidents des corps auxquels ils appartiendront, par droit d'ancienneté. Ils passeront également par droit d'ancienneté du Tribunal de Zagagig aux Tribunaux d'Alexandrie et du Caire, et de ces Tribunaux à la Cour d'appel.

Pour la première nomination, le rang se déterminera par l'âge du Magistrat.

Art. 26.

Les Magistrats indigènes et européens seront justiciables disciplinairement de la Cour, statuant en Chambre du Conseil.

Art. 27.

Toutefois, les débats et les jugements seront publics, si la poursuite a lieu sur la plainte d'un particulier.

Art. 28.

La peine sera celle de la réprimande pour les faits de négligence dans le service de la justice.

Art. 29.

La radiation pourra être prononcée pour faits intéressant la délicatesse et la probité.

Art. 30.

La Cour pourra également prononcer la radiation d'un Magistrat atteint d'infirmités graves et permanentes.

Art. 31.

La discipline des Greffiers, Commis-greffiers, Interprètes et Huissiers appartiendra au corps judiciaire auquel ils seront attachés.

Art. 32.

Les peines disciplinaires, en ce qui les concerne, seront : la réprimande, l'amende, la suspension ou la révocation.

Art. 33.

Les fonctions de Magistrat, de Greffier, Commis-greffier, Interprète et Huissier seront incompatibles avec toutes autres fonctions salariées et avec la profession de négociant.

Parquet.

Art. 34.

Il sera institué un Parquet, à la tête duquel sera un Procureur-Général.

Le Procureur-Général aura sous sa direction, auprès de la Cour et des Tribunaux, des Substituts en nombre suffisant pour le service des audiences et la police judiciaire.

Le Procureur Général pourra siéger à toutes les Chambres des Cours et des Tribunaux, à toutes les Cours criminelles et à toutes les assemblées générales de la Cour et des Tribunaux.

Liberté Individuelle.

Art. 35.

Aucune arrestation ou entrée des agents de la force publique dans un domicile privé ne pourra avoir lieu, sans mandat de justice, que dans le cas de flagrant délit, de clameur publique, de péril imminent ou d'appel des habitants.

Art. 36.

L'arrestation devra être immédiatement portée à la connaissance de la partie publique, qui pourra, dans les mêmes cas, délivrer un mandat d'arrêt.

Art. 37.

Tout individu arrêté sera interrogé, dans les vingt-quatre heures, par le juge d'instruction, même un jour férié, sauf les délais pour le transfert.

Art. 38.

Le juge d'instruction ne décernera de mandat d'arrêt que lorsqu'il aura présomption de crime, de tentative de crime, de vol, d'escroquerie ou de tentative de ces délits, ou de violences graves, ou lorsque l'inculpé n'aura pas de domicile fixe et connu.

ART 39.

La mise en liberté sous caution sera de droit, en matière de délit.

ART. 40.

Le juge d'instruction et le tribunal pourront, à toute époque, lever un mandat d'arrêt.

ART. 41.

Le Tribunal pourra toujours, même d'office, ordonner la mise en liberté de tout individu arrêté illégalement.

Sûreté de la répression. — Garantie de la défense.

ART. 42.

Toute plainte de la partie publique ou de la partie civile sera suivie d'instruction.

ART. 43.

Toute instruction devra être close par une ordonnance de non lieu ou de renvoi devant les juges compétents.

Cette ordonnance pourra toujours être frappée d'appel par la partie publique, la partie civile ou l'inculpé.

ART. 44.

Le juge d'instruction devra entendre tous les témoins proposés par la partie civile, la partie publique et l'inculpé.

ART. 45.

Les témoins seront toujours confrontés avec l'inculpé, après récolement en sa présence.

Art. 46.

La partie publique pourra faire toutes réquisitions au juge d'instruction. Elle pourra saisir le tribunal et donnera des conclusions écrites.

Art. 47.

Toutes les quinzaines, il sera rendu compte au Trbunal des affaires en cours d'instruction.

Art. 48.

Le Tribunal pourra toujours ordonner d'office une instruction sur des faits non poursuivis par la partie publique.

Art. 49.

Les dépositions des témoins dans l'instruction, l'ordonnance de mise en accusation et la liste des témoins seront toujours signifiées à l'accusé, avant les débats devant la Cour criminelle.

Art. 50.

L'accusé qui n'aura pas de défenseur en recevra un d'office.
L'individu prévenu d'un délit pourra toujours en obtenir un sur sa demande.

Art. 51.

Le prévenu [et l'accusé pourront faire entendre tous témoins à l'audience, aux frais de l'État; il en sera de même de la partie civile, à ses frais.

Exécution des peines.

Art. 52.

Le paiement des amendes sera poursuivi par la partie publique.

ART. 53.

Les prisons, les maisons de détention, les bagnes, seront sains et bien tenus.

ART. 54.

Le Tribunal, par chacun de ses membres, aura le droit de les visiter, de se faire représenter les condamnés et de les entendre. Il pourra ordonner toutes les mesures compatibles avec les droits de l'humanité, en même temps qu'avec les besoins de la répression et de la sécurité publique.

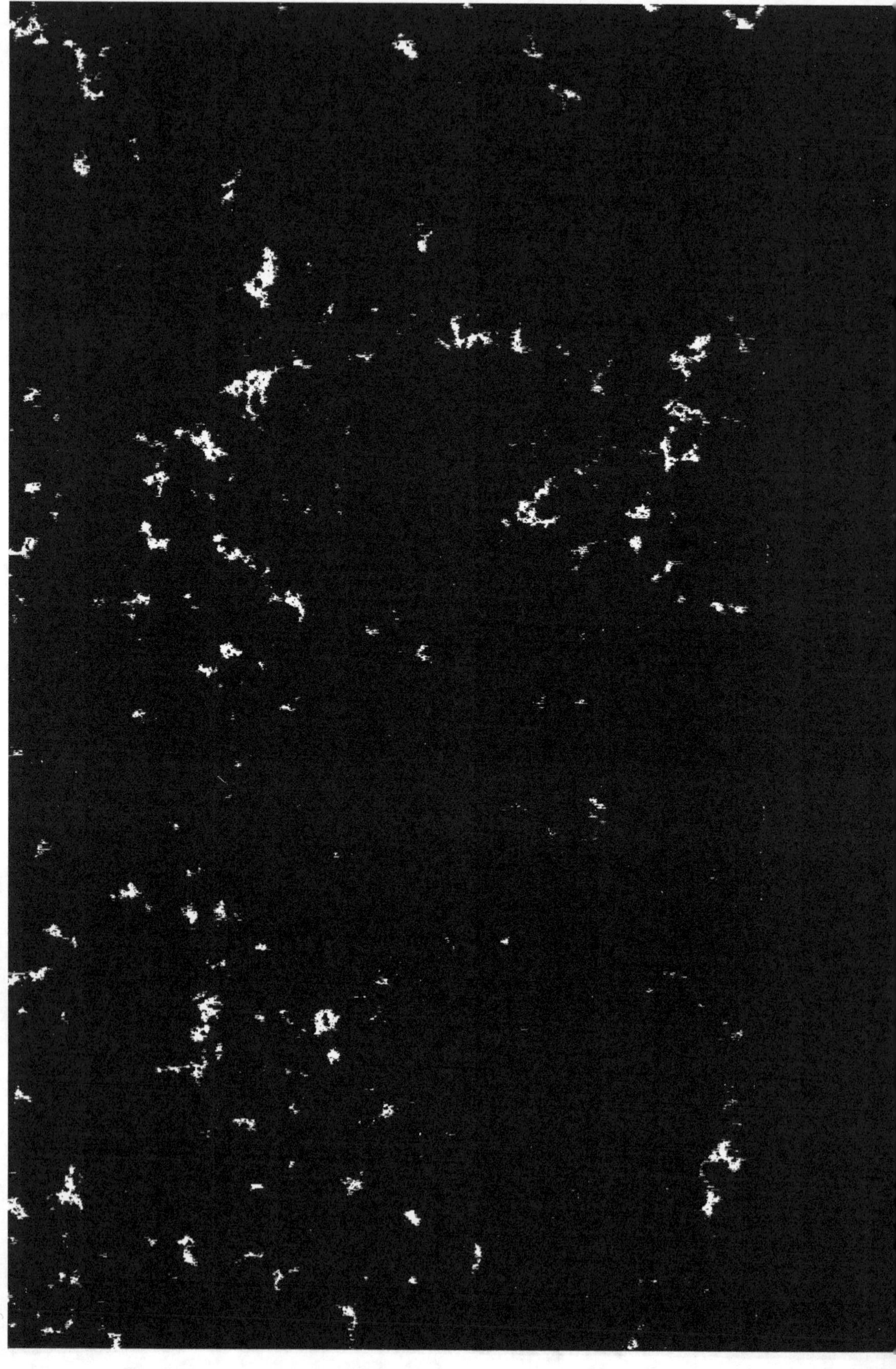

www.ingramcontent.com/pod-product-compliance
Lightning Source LLC
LaVergne TN
LVHW020338230826
846091LV00003B/925

* 9 7 8 2 0 1 2 4 6 8 4 2 9 *